"云南省研究生导师团队建设项目"阶段性研究成果

房地产政策与实务手册

Real Estate

李正彪 主编

中国社会科学出版社

图书在版编目（CIP）数据

房地产政策与实务手册/李正彪主编. —北京：中国社会科学出版社，2023.5
ISBN 978-7-5227-0456-2

Ⅰ.①房… Ⅱ.①李… Ⅲ.①房地产业—经济政策—中国—手册
Ⅳ.①F299.233.1-62

中国版本图书馆 CIP 数据核字 (2022) 第 115716 号

出 版 人	赵剑英
责任编辑	马　明
责任校对	姜萌萌
责任印制	王　超

出　　版	中国社会科学出版社
社　　址	北京鼓楼西大街甲 158 号
邮　　编	100720
网　　址	http://www.csspw.cn
发 行 部	010-84083685
门 市 部	010-84029450
经　　销	新华书店及其他书店

印　　刷	北京明恒达印务有限公司
装　　订	廊坊市广阳区广增装订厂
版　　次	2023 年 5 月第 1 版
印　　次	2023 年 5 月第 1 次印刷

开　　本	710×1000　1/16
印　　张	11.75
插　　页	2
字　　数	172 千字
定　　价	58.00 元

凡购买中国社会科学出版社图书，如有质量问题请与本社营销中心联系调换
电话：010-84083683
版权所有　侵权必究

前 言

目前,在购买房产上会耗费人们大量的时间和精力,并且耗费的金钱和感情也非常多,所以购买房产成为人生的大事之一。为了使读者更加了解有关房地产的知识,识别房地产市场上可能出现的陷阱,保障自身权益,课题组搜寻了目前我国有关房地产的政策、制度,对其进行细致分析,同时结合买房的实际情况,找出问题并制定相应的解决方案,全书的撰写思路如下。

首先,介绍房地产基本制度。对房地产值介绍时,根据每个环节之间的逻辑关系角度展开,划分出各个章节,将目前房地产的基本制度最真实地彰显。有很多的读者并不懂法律专业知识,所以笔者在写作的过程中,基于对房地产评估的经验,结合当前的房地产制度,进行简单的解释。其次,对房地产政策、制度的实际使用进行回答。本书撰写的过程,是基于房地产政策、制度等角度展开,通过基本术语、选房等多个角度展开描写,针对在买房过程中可能出现的问题进行细致的分析,并根据其中蕴藏的问题提出一些建议,能够为读者买房提供更多有价值的参考。

编写本书内容时,站在土地、注册房地产的评估师的角度分析,为了更好地帮助不了解法律的读者,文字十分通俗易懂,能够使多数的学者读明白,并且非常符合一些想要买房的、投资的读者阅读。需要提出的是,对于一些大专院校的房地产等相关专业来说,能够将本书作为辅助,并且在房地产行业对职业水平测评或者组织执业资格证考试过程中,作为参考的资料。

在本书即将付梓之际,感谢各位领导和同事的大力支持;同时,感谢云南师范大学泛亚商学院硕士研究生王紫阳、靳睛，他们在教材资料收集、整理、校稿等工作中付出了辛勤的汗水。感谢中国社会科学出版社老师在本书编辑、校对过程中的辛苦付出。

目　　录

第一章　房地产业概述 …………………………………………… (1)
　　第一节　房地产业相关概念 ………………………………… (1)
　　第二节　房地产业的作用 …………………………………… (1)
　　第三节　房地产业的细分 …………………………………… (2)

第二章　建设用地制度与政策 …………………………………… (4)
　　第一节　建设用地使用权出让 ……………………………… (4)
　　第二节　建设用地使用权划拨 ……………………………… (7)
　　第三节　闲置土地的处理 …………………………………… (10)

第三章　国有土地上房屋征收 …………………………………… (11)
　　第一节　国有土地上房屋征收原则 ………………………… (11)
　　第二节　国有土地上房屋征收原因 ………………………… (11)
　　第三节　国有土地上房屋征收补偿范围 …………………… (12)
　　第四节　对违规房地产估价机构和人员的处罚 …………… (12)

第四章　房地产交易管理制度与政策 …………………………… (13)
　　第一节　房地产交易管理概述 ……………………………… (13)
　　第二节　房地产转让管理 …………………………………… (15)
　　第三节　商品房销售管理 …………………………………… (21)
　　第四节　房屋租赁管理 ……………………………………… (25)
　　第五节　房地产抵押管理 …………………………………… (30)

第五章　房地产测绘 (39)
第一节　房地产测绘的概念 (39)
第二节　房地产测绘的作用 (40)
第三节　房地产面积测算的一般规定和方法 (40)
第四节　土地面积测算 (41)
第五节　房屋建筑面积测算 (42)

第六章　物业管理制度与政策 (46)
第一节　物业管理概述 (46)
第二节　物业管理的基本制度 (48)
第三节　物业运营维护费用 (50)

第七章　房地产税收制度与政策 (57)
第一节　税收制度概述 (57)
第二节　房产税 (60)
第三节　城镇土地使用税 (62)
第四节　耕地占用税 (64)
第五节　土地增值税 (67)
第六节　契税 (70)
第七节　相关税收 (72)
第八节　有关房地产税收的优惠政策 (78)

第八章　1949年以来房地产政策调控与演变 (82)
第一节　1949—1978年的房地产政策 (82)
第二节　改革开放以来房地产政策调控与演变 (83)

第九章　国外房地产政策调控与演变 (87)
第一节　美国房地产政策 (87)
第二节　日本房地产政策 (87)
第三节　韩国房地产政策 (93)
第四节　法国房地产政策 (94)

第五节　新加坡房地产政策 …………………………………… (97)

第十章　房地产常见术语 ……………………………………… (100)

第一节　什么是房屋产权？ ………………………………… (100)

第二节　什么是产权证书？ ………………………………… (101)

第三节　什么是不动产权证书？ …………………………… (101)

第四节　什么是使用权房？ ………………………………… (101)

第五节　什么是公房？ ……………………………………… (101)

第六节　什么是已购公房？ ………………………………… (102)

第七节　什么是不可售公房？ ……………………………… (102)

第八节　什么是单位产权房？ ……………………………… (102)

第九节　什么是现房？ ……………………………………… (102)

第十节　什么是准现房？ …………………………………… (103)

第十一节　什么是期房？ …………………………………… (103)

第十二节　期房与现房的优势分别是什么？ ……………… (103)

第十三节　什么是私房？ …………………………………… (103)

第十四节　什么是尾房？ …………………………………… (104)

第十五节　什么是烂尾房？ ………………………………… (104)

第十六节　什么是共有房产？ ……………………………… (104)

第十七节　什么是二手房？ ………………………………… (105)

第十八节　什么是起步价？ ………………………………… (105)

第十九节　什么是房产基价？ ……………………………… (105)

第二十节　什么是预售价？ ………………………………… (106)

第二十一节　什么是一次性买断价？ ……………………… (106)

第二十二节　什么是容积率？ ……………………………… (106)

第二十三节　什么是建筑覆盖率？ ………………………… (107)

第二十四节　什么是绿化率？ ……………………………… (107)

第二十五节　什么是绿地率？ ……………………………… (107)

第二十六节　绿地率与绿化率的区别是什么？ …………… (107)

第二十七节　住宅配套设施主要包括哪些类型？ ………… (108)

第二十八节　什么是建筑面积？ …………………………… (108)

第二十九节　什么是使用面积？ …………………………（108）
第三十节　什么是居住面积？ ……………………………（109）
第三十一节　套型建筑面积和套内建筑面积分别
　　　　　　指什么？ …………………………………（109）
第三十二节　什么是套内使用面积、套内墙体面积和
　　　　　　套内阳台建筑面积？ ……………………（109）
第三十三节　什么是公用建筑面积和分摊面积？ ………（110）
第三十四节　房屋预测面积和房屋实测面积分别指什么？ ……（111）
第三十五节　为什么房屋预售面积和竣工面积存在差异？ ……（111）
第三十六节　套内建筑面积售房和建筑面积
　　　　　　售房有什么不同？ ………………………（112）
第三十七节　使用率和实用率（得房率）分别指什么？ ……（112）
第三十八节　什么是得房率？ ……………………………（113）
第三十九节　什么是阳台？ ………………………………（113）
第四十节　封闭阳台和非封闭阳台有什么区别？ ………（114）
第四十一节　凹阳台和凸阳台有什么区别？ ……………（114）
第四十二节　底阳台和挑阳台有什么区别？ ……………（114）
第四十三节　阳台和飘窗如何计算建筑面积？ …………（114）
第四十四节　住宅的开间和进深分别指什么？ …………（115）
第四十五节　什么是定金？ ………………………………（115）
第四十六节　什么是订金？ ………………………………（116）
第四十七节　什么是违约金？ ……………………………（116）
第四十八节　住宅的层高指什么？ ………………………（116）
第四十九节　住宅的开间指什么？ ………………………（116）

第十一章　购房合同基本常识与陷阱 ……………………（118）

第一节　什么时候用预售合同？ …………………………（118）
第二节　什么时候用现售合同？ …………………………（118）
第三节　合同有没有建筑及装修质量标准的细则？ ……（118）
第四节　合同有没有规定发展商延期交房的具体罚则？ ……（119）
第五节　合同中有关房屋面积方面的条款有哪些？ ……（119）

第六节 合同中关于价格、收费、付款额方面的条款
 有哪些？ ……………………………………………… (119)
第七节 在合同中，有关房屋质量的条款中容易产生
 纠纷的地方有哪些？ ………………………………… (120)
第八节 一般承担违约责任的违约事项包括哪些？ ………… (120)
第九节 怎样正确认识预售合同中发展商制定的
 格式文本？ …………………………………………… (120)
第十节 补充协议的各条款如何签？ ………………………… (121)
第十一节 开发商不让签补充条款怎么办？ ………………… (122)
第十二节 购房合同有哪些公证须知？ ……………………… (122)
第十三节 在签订合同时应注意哪些事项？ ………………… (122)
第十四节 新房购房合同包括哪些内容？ …………………… (123)
第十五节 合同签订后，房屋就属于买方了吗？ …………… (124)
第十六节 签订"阴阳合同"有何坏处？ …………………… (124)
第十七节 怎样查验开发商的合同主体资格？ ……………… (125)
第十八节 签订期房合同需要注意什么？ …………………… (126)
第十九节 商品房合同网上备案有哪些注意事项？ ………… (127)
第二十节 如何办理二手房买卖合同公证？ ………………… (127)
第二十一节 二手房买卖合同包括哪些内容？ ……………… (128)
第二十二节 已经变更产权登记的买卖合同能够解除吗？ …… (129)
第二十三节 房产买卖合同什么情况下是无效的？ ………… (130)

第十二章 房地产税费常识 …………………………………… (131)
第一节 什么是房产税？ ……………………………………… (131)
第二节 什么是契税？ ………………………………………… (131)
第三节 什么是印花税？ ……………………………………… (132)
第四节 什么是个人所得税？ ………………………………… (132)
第五节 哪些房产需要缴纳个人所得税呢？ ………………… (132)
第六节 什么是土地增值税？ ………………………………… (133)
第七节 房地产交易有哪些费用？ …………………………… (134)
第八节 什么是公共维修基金？ ……………………………… (136)

第九节　购买一手住房需要缴纳哪些税费？……………（136）

第十节　购买二手住房一般需要缴纳哪些税费？………（137）

第十一节　出售二手住房一般需要缴纳哪些税费？……（137）

第十三章　付款方式 …………………………………（139）

第一节　采用哪种付款方式比较好？……………………（139）

第二节　如何评估自己的还款能力？……………………（139）

第三节　购房抵押贷款和现房抵押贷款有何不同？……（140）

第四节　什么是个人住房公积金贷款？…………………（140）

第五节　什么是个人住房商业性贷款？…………………（140）

第六节　什么是个人住房组合贷款？……………………（141）

第七节　个人住房商业性贷款和住房公积金贷款
有什么不同？……………………………………（141）

第十四章　住房公积金贷款 …………………………（142）

第一节　申请住房公积金贷款需要符合什么条件？……（142）

第二节　住房公积金贷款的额度、期限有限制吗？……（142）

第三节　住房公积金的月缴存额和计缴基数是如何
确定的？…………………………………………（144）

第四节　住房公积金贷款利率是多少？…………………（144）

第五节　住房公积金可以充当首期款来使用吗？………（145）

第十五章　住房商业性贷款 …………………………（146）

第一节　申请住房商业性贷款需要符合什么条件？……（146）

第二节　申请一手房银行按揭贷款的流程是怎样的？…（146）

第三节　申请二手房银行按揭贷款的流程是怎样的？…（147）

第四节　住房抵押贷款合同和借款合同主要包括
哪些内容？………………………………………（148）

第五节　贷款银行是如何对借款人进行审查的？………（148）

第六节　贷款银行主要是通过哪些方面来判断
借款人的偿债能力？……………………………（149）

第七节　申请个人住房商业性贷款要避免哪些风险？……… (149)
第八节　什么是接力贷？ ………………………………… (150)
第九节　什么是转按揭？ ………………………………… (150)
第十节　什么是加按揭？ ………………………………… (151)
第十一节　什么是房屋按揭保险？ ……………………… (151)

第十六章　偿还贷款 ……………………………………… (152)
第一节　按揭贷款的还款方式有哪些？ ………………… (152)
第二节　什么是等额本息还款法？ ……………………… (153)
第三节　什么是等额本金还款法？ ……………………… (153)
第四节　什么是双周供？ ………………………………… (153)
第五节　贷款期内的利息会有变动吗？ ………………… (154)
第六节　贷款期限是越长越好吗？ ……………………… (154)
第七节　什么情况不要提前还贷？ ……………………… (154)
第八节　提前偿还部分贷款后，剩余贷款的还款
　　　　方式有哪些？ ………………………………… (155)
第九节　采用银行按揭方式购房后，无能力偿还
　　　　贷款怎么办？ ………………………………… (156)
第十节　还清全部贷款后，购房者需要办理哪些手续？ …… (156)

**第十七章　一手房在交付使用时，业主需要注意
　　　　哪些问题？** …………………………… (157)
第一节　验房前 …………………………………………… (157)
第二节　验房时的相关问题 ……………………………… (159)
第三节　验房后的相关问题 ……………………………… (165)
第四节　收房流程 ………………………………………… (167)
第五节　退房 ……………………………………………… (168)

参考文献 …………………………………………………… (172)

第 一 章

房地产业概述

第一节 房地产业相关概念

所谓房地产业，实际上指的是房地产的开发、服务、投资、管理等，具体而言，除了开发房地产和中介服务外，还包括物业管理、其他活动等。如果按照国民经济产业的分类情况来看，房地产为第三产业。

房地产业、建筑业这两者之间，具有明显的差异，但又存在一定的关联性。二者最大的差异是：一方面，房地产业是第三产业，既包括开发、经营等活动，也能提供管理、服务；建筑业是第二产业。另一方面，开发房地产时，二者之间主要是合作关系，房地产业扮演着甲方的角色，而建筑业则扮演着乙方的角色；房地产业既是房地产开发的组织者和策划者，还是发包单位，而建筑业是承包单位，根据合同约定完成建设房地产开发任务，如平整场地、基础设施建设等。

第二节 房地产业的作用

房地产行业的关联性非常强，并且具备较强的带动性，是经济发展不可缺少的企业，同时也是目前我国经济发展最关键的支柱性产业之一。房地产业同国民经济有着重要的关联，二者相互影响，共同发展。其一，房地产的发展受到国民经济的影响，国民经济的发展情况也直接关系到房地产的发展；其二，房地产的发展可以带动国民经济的发展，保障国民经济健康发展。房地产的作用表现在以下方面。

（1）是国民经济发展不可缺少的物质因素。当前国民经济不断发展，房地产也是其中的重要生产因素，每一个行业的发展都同房地产有一定的关系。

（2）房地产行业的关联性较强，并且具备较强的带动力，能够带动任何与之相关联的企业（如建筑、建材、化工等行业）的发展，有利于我国经济持续健康发展。

（3）能够有效提高居民的住房条件。

（4）可以提高旧城区改造的速度，促进城市基础设施建设，开创新兴的城市面貌。实行综合开发，可以减少分散建设带来的消极影响，同时加快城市规划建设。

（5）使产业结构更加完善，改变过去的投资环境，吸引更多的外资投入，大力推行改革开放。

（6）有效解决我国就业难的问题，尤其是房地产经纪行业以及物业管理，招募大量的员工。

（7）扩大政府财政收入。

第三节　房地产业的细分

对房地产业进行细分，可分为两类，一类是开发经营业，另一类是服务业。其中，服务业除了中介服务业之外，还包括物业管理，而中介服务业又包括咨询业、估价业和经纪业。

房地产开发经营业指的是得到待开发房地产之后，进行房屋建设，包括平整场地、建设基础设施等，在开发完成之后，对开发项目进行转让或直接销售已建成的房屋。在房屋建设过程中，开发商既是决策者，也是组织者，应该对整个房地产市场的变化情况引起高度重视，充分发挥承包商、资金、专业机构的作用，整合各项资源进行房地产开发。现阶段，对整个房地产业而言，开发经营业占据了非常重要的地位。

房地产咨询业主要从政策、法律、技术等不同层面着手，针对房地产活动提供顾问服务。从实际情况来看，根据当事人的委托，负责调研房地产市场，根据所投资的房地产进行可行性研究，策划房地产项目。现阶段，除了房地产经纪机构或经纪人承担房地产咨询业务之外，房地产估价机构和估价师也会承担这类咨询业务。

房地产估价业着重针对房地产价值进行分析、测算，并做出最终的判断，给出专业性建议，为转让、出让土地使用权和房地产抵押、赔偿、买卖、课税等提供参照。一般而言，房地产估价师负责开展估价活动，既需要掌握过硬的专业知识，具备职业素养，还需要积累丰富的经验。

房地产经纪业在房地产市场稳定发展的过程中发挥着润滑剂的作用，帮助出售、出租房屋的业主找到购房人、租房人，同时还会帮助购房人和租房人找到适宜的房地产。一般而言，房地产经纪人负责开展房地产经纪活动，在经济活动中，经纪机构负责品牌打造和平台提供。如果想要从事此类经济活动，必须掌握扎实的专业知识，积累丰富的实践经验，而且还要具备良好的信誉。随着房地产市场的快速发展，经纪业占据了主体地位。

物业管理是对通过验收进入使用阶段的房屋和配套设施进行维修和管理，对物业管理区域的卫生、环境、秩序等进行维护的服务行业。在开展物业管理活动的过程中，相关人员必须增强服务意识，为业主提供优质服务。需要注意的是，在物业管理中，岗位不同，相关人员掌握的专业知识存在明显的差异，物业管理师指的是高级专业人员。

第二章

建设用地制度与政策

第一节 建设用地使用权出让

一 建设用地使用权出让的含义

建设用地使用权出让可以叫作使用权出让，即将国家的土地的使用权转让，有一定的时间限制，土地使用者支付一定的土地使用权出让金，从而获得土地的行为，以有偿的形式将土地出让到土地使用者的手中，根据合同上所规定的年限，一次或者提前支付租用土地的租金。出让含义是指：

（1）将土地使用权出让，也叫作批租或者土地一级市场，掌握在国家的手中，单位或者个人都不可以出让土地使用权；

（2）获得批准或者已经取得土地使用权的单位或者个人，仅在使用的年限内对土地有占有、使用的权利。土地使用权能够在市场上进行交易，能够进行转让、出租等行为，但地下所埋的物品的归属权是国家的；

（3）土地使用者要把土地使用权的出让金全部支付后才能得到使用权；

（4）集体土地只有在征收的状态下，才能够进行出让；

（5）土地使用权出让就是把国家的土地有偿出让，土地使用者与国家是权利和义务的关系，所有的步骤都是公平的。

二　建设用地使用权出让计划、方式和年限

（一）出让计划的拟定和批准权限

土地使用权出让要严格按照土地利用总体规划、城市规划以及年度建设用地计划进行，根据省级人民政府提出的标准，制定详细的国有土地面积规划，并且严格按照制订的计划进行。出让的所有土地的面积、年限等因素，由县人民政府土地管理部门会同相关部门共同规定，按照国务院下发的要求，获得人民政府的批准后，由下属部门开始运行实施。

（二）出让方式

《物权法》明确指出，工业、商业、旅游等经营性用地或者同一土地有两个意向用地者的，必须采用招标的方式出让。《城镇国有土地使用权出让和转让暂行条例》明确规定，国有土地的使用权可以采取拍卖、招标等形式出让。国土资源部出台的《招标拍卖挂牌出让国有土地使用权规定》（国土资源部令第11号，以下简称11号令）提出新的国有土地使用权的出让方式——挂牌出让方式。

（三）出让年限

《城镇国有土地使用权出让和转让暂行条例》规定的出让最高年限为：

（1）居住用地最高时间是70年；

（2）工业用地最高时间是50年；

（3）教育、科技、文化卫生、体育用地最高使用时间是50年；

（4）商业、旅游、娱乐用地最高使用时间是40年；

（5）综合或其他用地最高使用时间是50年。

规定的出让土地使用权的最高年限不仅仅局限在一年，准确的出让项目的年限，是国家基于产业的特性以及用地项目状况，或者与用地者进行沟通决定的。土地使用权的出让年限要控制在最高年限之内，不得超过制定的最高年限。

三　建设用地使用权出让合同及其管理

如果想要出让建设用地的使用权，必须制定出细致的土地转让合

同。建设通用地的使用权要由相关部门与土地者共同签订。转让合同主要有三种形式：成片土地使用权出让合同，项目用地（宗地）土地使用权出让合同以及划拨土地使用权和地上建筑物、其他附着物所有权因转让、出租、抵押而补办的土地使用权出让合同。

（一）合同的主要内容

1. 合同

其中包含：当事人的姓名以及居住地；土地界址、占地面积等；建筑物所占据空间大小；土地的使用情况；土地条件；土地使用时间；出让金等费用以及支付的形式；等等内容。

2. 合同附件

其中包含：宗地平面界址图；市、县政府规划管理部门制定的宗地规划条件；等等。

（二）合同的履行

出让的方式使得相关企业得到土地的使用权进行房地产开发，要根据建设用地使用权中的相关要求，开发时间、土地用途都要严格遵循法律的规定。

（1）约定合同上明确标注动工的时间，如果在一年之内都没动工的，要征收一定的土地闲置费，大约是土地使用权出让金的20%；如果是两年都没有动工的，就要把土地的使用权收回；如果是一些不能抵抗的因素造成的影响，这种情况可以不征收土地闲置费。

（2）用地单位想要改变过去约定的土地使用方式，那么就要向上申请，得到批准之后，还要制定新的合同，对其中变化的内容重新规定，新合同中的内容要全面。

（3）项目固定资产总投资、投资强度和开发投资总额要符合合同的约定款项。不符合约定的，出让人可以依据实际差额与投资强度的差距提出申请，用地单位要承担这一部分的赔偿，并且提出要遵守约定中的内容。

（三）合同的解除

（1）两方都签订了合同，土地使用者要上交定金，并且要在约定的时间内上交所有的地价款，土地使用者如果超过约定时间60天，并且在土地管理部门催促之后还没有支付建设用地使用权出让款的，土地部门可以要求解约，同时提出违约金的赔偿问题。

（2）土地管理部门没有在约定的时间范围之内提供土地，出让人在60天以内没有上交土地的，土地使用者可以解除协议，管理部门要承担相应的责任，严格按照违约的规定进行赔偿。

四　建设用地使用权出让管理

（一）规范编制拟供地块出让方案

严格遵循土地利用规划以及城镇控制性详细规划协调制定住房用地的出让制度。土地出让应参照以宗地为单位的规划条件、建设条件以及土地使用的标准，不能出现地块捆绑出让的现象，并且也不能出让"毛地"。

（二）严格制定土地出让的规划和建设条件

严格限制低密度、大户型的住宅项目开发建设，严格遵循住宅用地的容积率指标高于1。

（三）严格土地竞买人资格审查

不仅要求有有效的身份证明文件、支付竞买（投标）保险金，同时还要求竞买（投标）的保险金不是通过银行贷款而来的。股东借款等形式，还要有商业金融机构的资信证明。

（四）严格划拨决定书和出让合同管理

每一类的住房建设项目都要在决定书以及出让合同签订的第一天开始计算，一年之内必须开工，从开工之日到竣工总共三年时间。综合用地的，应在合同中准确标出商业、住房等规划、建设及各相关条件。

第二节　建设用地使用权划拨

一　建设用地使用权划拨的含义

建设用地使用权划拨是指通过县级以上人民政府的允许，用地者上缴一定的土地费用再将土地交付给使用者，也可以将建设用地无偿交付给使用者使用的行为。划拨土地使用权还有下述内容。

（1）划拨土地使用权分为两种方式，一种是缴纳拆迁安置、补偿等费用（如存量土地以及集体土地），一种是无偿获得的（如国有沙漠、荒山）。

（2）排除法律中所规定的，划拨土地不具备使用期限的约束，但是如果在没得到准许的情况下，不可以转让、出租等。

（3）得到划拨土地的使用权，应具备有批准权的人民政府的批注，并且严格按照法律规定的程序进行。

（4）国家在没有制定详细的法律之前，城市范围之内以及外部的国有土地（不包含已经出让的部分）都会采用土地出让的方式。

二 建设用地使用权划拨的范围

《国务院关于深化改革严格土地管理的决定》中明确指出，要把控划拨用地的范围，使土地资源顺利实现市场化配置。经营性基础设施用地应开始转向有偿使用得到方式。按照当前制定的法规，以下建设用地要交给县级以上的人民政府批准，对土地使用权进行划拨。

（1）国家机关用地。国家机关指国家权力机关，即全国人大及其常委会，地方人大及其常委会；国家行政机关，即各级人民政府及其所属工作或者职能部门；国家审判机关，即各级人民法院；国家检察机关，即各级人民检察院；国家军事机关，即国家军队的机关。以上机关用地属于国家机关用地。

（2）军事用地。军事用地指军事设施用地，包括军事指挥机关、地面和地下的指挥工程、作战工程；军用机场、港口、码头、营区、训练场、试验场；军用洞库、仓库；军用通信、侦察、导航观测台站和测量、导航标志；军用公路、铁路专用线，军用通信线路，输电、输油、输气管线；其他军事设施用地；等等。

三 建设用地使用权划拨的管理

《城市房地产管理法》和《城镇国有土地使用权出让和转让暂行条例》针对划拨土地使用权的管理做出如下规定。

（1）划拨土地的转让。在划拨土地转让中，明确提出了两个规定：首先是得到批准之后才能进行转让，受让方必须出示土地使用权的出让合同，并且根据国家的相关规定，将使用权出让；其次不用办理出让手续，但是转让方将它所得到的土地收益交给国家。

走正常法律获得批准的原有划拨土地展开营业性开发的，要按照市场上的价格缴纳土地出让金。获得准许能够转让原划拨土地使用权的情况下，可以先在土地有形市场上进行交易，按照当时市场上价格缴纳土地出让金；比市场价交易低的，政府可以使用有限购买权。

（2）划拨土地使用权的出租。①房产所有权人为了盈利，把划拨土地使用权上的建筑物出租，把所得租金上交国家。②用地单位受到转让、出租等行为的影响，不进行土地出让，这时可以采用出租的方式。③租赁时间超过六个月的情况，必须签署相关协议。

（3）划拨土地使用权的抵押。抵押划拨土地使用权的过程中，它抵押的价值应与当时市场价值相符合。如果因为抵押划拨土地使得土地使用权转移，那么就要签订协议。

（4）未得到准许，私下转让土地使用权的单位，县级及以上的人民政府应当将这一部分的收入全部没收，情节严重的给予适当的处罚。

（5）国有企业改制过程中将土地划拨。基于国有企业改革过程中指出的土地使用权，可以采用国有土地转让、租赁等方式处理土地使用权。

（6）所有缴纳土地收益的土地，都采用划拨土地的方式进行监管。

（7）划拨土地使用权的收回。国家无偿收回划拨土地的原因有很多，主要原因为下述几点：①土地使用者因为迁移、解散等一些因素，不再使用土地的情况；②基于国家的利益，或者是城市建设的要求，回收的土地使用权；③各级司法部门把财产没收，这种情况下也会把他的土地使用权回收；④土地使用者自己不继续使用的；⑤没有得到相关部门的同意，两年之内也没有使用的；⑥没有按照计划利用土地；⑦铁路、公路、机场、矿场等核准报废的土地。在国家无偿回收土地权时，会按照法律向土地使用者补偿土地上的建筑物。

第三节　闲置土地的处理

一　闲置土地认定

闲置土地的含义是土地使用者通过正常法律得到土地的使用权之后，没有得到原来批准用地的人民政府的批准，超过规定的时间并没有进行开发建设的建设用地。

具备下列因素之一的，就可以叫作闲置土地：（1）国有土地有偿使用合同或者是建设用地的批准书上没有明确规定什么时候动工，从国有土地有偿使用合同生效后或者土地行政主管部门建设用地批准书颁发之后一年，土地没有动工的；（2）已经动工开发建设但是开发建设的面积不足总面积的三分之一，或者投资的金额低于总投资金额的四分之一，并且没有得到准许停止开发建设时间满一年的；（3）法律、行政法规规定的其他情形。

二　闲置土地的处理方式

闲置土地的处理方式如下：（1）延长开发建设的时间，但是这个时间必须要保证在一年的有效时间以内；（2）改变土地使用方法，同时还要重点关注后期的土地开发建设；（3）可以采用临时使用的方式，得到准许之后再次开发，土地在这个期间增值的，政府要重新征收地价；等等。如果是因为政府的因素导致限制，那么使用者在支付土地使用费用时，既可以选择以上内容，同时也可以基于实际的比例计算最终的金额，再将土地交给使用者，剩下的交付到政府的手中。

第三章

国有土地上房屋征收

第一节　国有土地上房屋征收原则

第一，根据公共利益的要求，将个人的房屋进行征收，并根据房屋的实用价值给予一定的补偿；

第二，房屋征收和补偿应遵循民主、正确的方式，保持公开透明；

第三，市、县级人民政府对本行政区域内的房屋征收和补偿工作全权负责；

第四，采取房屋征收的方式，可以先进行补偿，再搬迁；

第五，房屋征收部门可以将其交付给房屋征收实施单位，肩负起房屋征收以及补偿的工作。房屋征收实施单位不能将盈利作为根本目的。

第二节　国有土地上房屋征收原因

第一，国防以及外交的需要；

第二，政府负责能源、交通以及水利等基础设施的建设工作，满足其需要；

第三，政府承担科技、教育等事业，为了满足公共事业的需求；

第四，政府承担一些具有保障性质的工作，为了满足这部分公共事业的需求；

第五，由政府按照《中华人民共和国城乡规划法》有关规定组织实施的对危房集中、基础设施落后等地段进行旧城改造的需要；

第六，法律、行政法规中明确指出的其余的公共利益的要求。

第三节　国有土地上房屋征收补偿范围

第一，对于征收房屋的价值补偿；

第二，因为征收导致目前需要租房子居住，补偿一些费用；

第三，因为征收使得房屋暂时得不到收益，应对造成的损失进行赔偿。

第四节　对违规房地产估价机构和人员的处罚

针对有下述行为的估价机构以及估价人员，可以根据《城市房地产中介服务管理规定》《注册房地产估价师管理办法》等内容进行处理，严重的将其记录在信用档案之中。

第一，提供虚假的估价报告。

第二，同拆迁人私下勾结，有损对方权益的。

第三，采用贿赂等违法行为得到拆迁估价业务的。

第四，准许其他人利用自己的名义进行拆迁估价或者转让拆迁估价业务的。

第五，反复被申请鉴定，并且通过查验之后，证明其中有情况的。

第六，不遵循国家规定的《房地产估价规范》和《城市房屋拆迁估价指导意见》等条例的。

第七，法律、法规规定的其他情形。

第四章

房地产交易管理制度与政策

第一节 房地产交易管理概述

一 房地产交易管理的概念和原则

房地产交易管理的含义是房地产部门和其他部门商议，采用法律、行政等方式管理房地产，是房地产管理的重要方式。房地产交易是一种公平的交易行为，秉持着公平、自愿的原则展开。

二 房地产交易的基本制度

《城市房地产管理法》中明确提出了三种房地产交易的制度，分别是房地产价格申报制度、房地产价格评估制度、房地产价格评估人员资格认证制度。

（一）房地产价格申报制度

房地产的最终交易价格既影响当事人的权益，同时也对国家税费收益产生重要影响。所以，应重视对房地产交易价格的管理，进而保障当事人的权益，从而更深层次地保护国家的税收，推动房地产市场更加稳健发展。

《城市房地产管理法》规定："国家实行房地产成交价格申报制度。房地产权利人转让房地产，应当向县级以上地方人民政府规定的部门如实申报成交价，不得瞒报或者作不实的申报。"2001年8月建设部发布的《城市房地产转让管理规定》（建设部令第96号，以下简称《转让管理规定》）中也规定："房地产转让当事人在房地产转让合同签订后90日内持房地产权属证书、当事人的合法证明、转让合同等有关文件向房地产所在地的房地产管理部门提出申请，并申报成交价格"；"房地产转让应当以申报的成交价格作为缴纳税费的依据。成交价格明显低于正常市场价格的，以评估价格作为缴纳税费的依据"。上述规定使房地产成交价格申报制度有了可参考的法律，为其提供法律上的帮助。交易当事人必须提供最真实的房地产成交价格，是房地产交易能够得到法律保护的重要原因。

　　房地产的权利人把房地产转移。房地产的抵押权人应遵循法律法规中的要求抵押，向有关部门提出申请，上报最后成交的金额，国家会根据上报的成交金额进行登记审验，然后才会开展相关产权转移的手续办理业务，获得最终的法律效力。该规定明确要求采用自愿成交定价的形式，应在房地产管理部门申报。房地产管理部门得到价格申报以后，如果经过调查发现最终的成交价格比市场价格低，要与对方在第一时间内进行沟通，并不是为了使交易双方的当事人将最终价格进行修改，而是交易双方必须要基于高于房地产行政主管部门制定的评估价格的准则，交付相关税款之后，才能够办理房地产的交易手续，最终获得权属证书。

　　房地产经纪人代理办相关交易手续的过程中，要遵循实事求是的原则，不能对当事人的隐瞒行为视而不见，这样可以减少未来因为房地产交易纠纷而导致的含税收征管的法律责任发生的可能性，减少执业所产生的风险问题。

　　交易双方在对房地产管理部门制定的评估结果存在疑问时，可以提出申请，实行新的评估。新的评估要求交易双方和房地产的管理部门都要参与其中，选择双方都赞同的机构进行评估。交易双方如果觉得都存在问题，可以通过法律程序解决。采用申报管理的制度，不仅能够控制价格的波动，同时也可以避免因为逃税导致的上报虚假交易金额的行为。

　　（二）房地产价格评估制度

　　《城市房地产管理法》规定："国家实行房地产价格评估制度。房地产价格评估，应当遵循公正、公平、公开的原则，按照国家规定的技术标准和评估程序，以基准地价、标定地价和各类房屋的重置价格为基础，参照当地的市场价格进行评估。""基准地价、标定地价和各类房屋重置价格应当定期确定并公布。具体办法由国务院规定。"

（三）房地产价格评估人员资格认证制度

《城市房地产管理法》规定："国家实行房地产价格评估人员资格认证制度。"《城市房地产中介服务管理规定》进一步明确："国家实行房地产价格评估人员资格认证制度。房地产价格评估人员分为房地产估价师和房地产估价员。""房地产估价师必须是经国家统一考试、执业资格认证，取得《房地产估价师执业资格证书》，并经注册登记取得《房地产估价师注册证》的人员。未取得《房地产估价师注册证》的人员，不得以房地产估价师的名义从事房地产估价业务。"

三 房地产交易管理机构及其职责

房地产交易的管理机构包括国家设置的专门负责房地产交易管理的部门以及相关获得权力的机构，其中主要有国务院建设行政主管部门，即建设部；省级建设行政主管部门，即各省、自治区建设厅和直辖市房地产管理局；等等。

房地产交易管理机构的工作主要有：

（1）严格遵循房地产交易管理规定的法律法规，参照法律法规落实工作；

（2）监督管理房地产交易的环境，加强对房地产的经营活动的管理，严厉处置违背法律的行为；

（3）解决房地产交易等问题；

（4）收取有关房地产的税款；

（5）细致制定沟通协议，展开相应的服务；

（6）提供市场交易的信息，使政府制定相关制度，推动市场服务的发展。

第二节 房地产转让管理

一 房地产转让的概述和分类

（一）房地产转让的概念

根据房地产管理法的相关规定，所谓房地产转让，实际上指的是经过赠予、买卖或其他合法途径，房地产权利人转移房地产给他人的行为。《转让管理规定》的出台，针对其他合法途径给出了明确的规定。具体而言，主要包括：

（1）一方具备土地的使用权，另一方负责资金，采取合作、合资等方式共同开发房地产，导致房地产权属出现变化；

（2）利用房地产入股，或依托房地产和他人共同成立企业法人，使得房地产的权属关系产生变化；

（3）利用房地产进行抵债；

（4）如果企业出现了合并、收购等现象，房地产的权属关系就会随之发生相应的变化；

（5）法律规定的其他情形。

从本质上讲，转让房地产实际上指的是房地产的权属关系发生变化。房地产管理法明确指出，在转让房地产的过程中，应该同时转让所有权、土地使用权。

（二）房地产转让的分类

如果以获得土地使用权的方式为依据，对房地产转让进行分类，可以分成两类：一类是通过出让得到使用权的房地产转让，另一类是通过划拨得到使用权的房地产转让。

如果以转让方式为依据，对房地产转让进行分类，可以分成两类：一类是有偿转让，如买卖交易、作价入股等，另一类是无偿转让，如继承、赠予等。

所谓房地产买卖，实际上指的是房地产所有权人按照一定价格转让自身合法房地产给他人的行为。房地产赠予指的是房地产所有权人选择无偿的方式赠送自身合法房地产给他人的行为，在赠予过程中，受赠人无须支付任何费用，也无须承担任何义务。对房地产行业而言，房地产买卖的双方都应该履行相应的义务，同时也享有不同的权利。而房地产赠予则与之不同，属于单务行为，受赠者无须履行义务。因此，管理实践应对此给出严格划分。

二　房地产转让的条件

房地产转让最突出的问题就是权属会发生变化，将房屋的所有权以及占据的土地所有权转移。《城市房地产管理法》及《转让管理规定》中明确指出房地产转让要遵守的原则，其中不能转让的房地产如下。

（1）不符合下述要求的房地产不可以进行转让：①运用出让方式将土地使用权出售，投入开发项目之中的，按照土地使用权合同中的要求投资，属于房屋建设工程的内容，并且超过投资总额的四分之一；②成片开发的，主要投入建设用地；成为工业用地或者用于其他建设用地的；③严格遵循合同上的要求，同时已经支付土地出让金，获得土地使用权的证明的。

（2）司法机关以及行政机关参照法律上的规定，加强对房地产权利的管理。司法机关和行政机关都能够提出申请，也可以为了满足社会的需要，依照法律裁定、决定约束房地产的权利，例如查封等。权利被约束的时候，房地产权利人不可以将房地产进行转移。

（3）按照法律回收土地使用权的情况。基于国家的利益以及公共社会提出的要求，国家可以回收土地，单位和个人要服从国家规定，国家基于法律要求将土地回收，过去的土地使用权人不能进行土地转让。

（4）共有房地产，另外一个合伙人没有准许的情况。共有房地产，是房屋的所有权掌握在两个人的手中。共有房地产权利在行使过程中，要有所有人的同意，不可以一个人的请求进行转让。

（5）权属有争议的问题。权属有争议的房地产，是指当事人对于房屋所有权或者是房屋的归属有争议，使得房屋的权属无法划分。对这部分房地产进行转让时，交易合法与否都存在疑惑，因此，权属问题没有彻底解决，是不能进行转让的。

（6）法律和相关法律法规禁止转让。法律、相关法律法规不允许转让的情况，就是除了以上的情况，其他的法律法规不允许转让的情况。

三　房地产转让的程序

在房地产的转让过程中，必须严格按照程序办理相关手续。只有在房地产管理部门完成各项手续之后，转让才生效。《转让管理规定》的出台，针对转让程序给出了明确的规定，具体如下。

（1）当事人应该采取书面的方式签订转让合同。

（2）当事人在签订转让合同后，向房地产管理部门提交转让文件（如产权证、转让合同等）申请转让房地产，同时，还需要报送成交价格。

（3）房地产管理部门在收到转让文件之后，经过认真审查后，通过书面方式对当事人提出的申请能否受理给出答复。

（4）房地产管理部门对当事人提供的成交价格进行核实，根据实际情况确定是否到现场进行评估、勘察。

（5）当事人根据房地产转让的相关规定缴税。

（6）房地产管理部门负责等级房屋权属手续的办理，经过核实后，发放权属证书。

除此之外，只要是变更、转让房地产，都应该严格遵守规定，首先准备相关资料，在房地产管理部门完成相关手续的办理，得到变更后的所有权证书后，向土地管理部门提出变更等级土地使用权的申请。值得一提的是，如果没有按照规定程序办理变更、转让手续，无法对抗第三人。

四　房地产转让合同

房地产转让合同就是房地产转让的当事人要签署的，详细规定双方权利、义务的协议。房地产在转让的过程中，要签订书面的协议，协议中的内容是关于转让的。合同中的内容制定应同当事人共同商量，正常情况下有如下内容。

（1）双方的姓名、居住地。

（2）房地产权属证书上的称号以及编号。

（3）房地产所在的地点、房地产总面积以及东南西北的界限。

（4）土地宗地号、土地使用权获得的形式以及土地使用权的时间。

（5）房地产的使用方式以及属性。

（6）最终成交的总价格和付款形式。

（7）房地产交付之后的时间。

（8）与其有关系的违约的事情。

（9）双方约定的其他事项。

五　以出让方式取得建设用地使用权的房地产转让

采用该种方式获得使用权的房地产转让，受让人得到的使用权的权利和义务与转让人相同。出让土地使用权的合同对转让人的义务和权利等给出了明确的说明，正因为如此，在土地使用权转让的过程中，合同规定的义务和权利等应该都转移到受让人手中。通过出让的方式得到使用权，使用权能够在多个使用者的手中进行转让，需要重点关注的问题就是，出让合同中制定的转让时间无法改变。得到使用权之后，权利人得到的使用权限不是合同约定的时间，实际上就是合同中标注的时间和使用的时间之间的差。举一个例子，如果出让土地的合同约定使用年限是 50 年，而原土地在使用 10 年之后进行转让，那么，受让者实际使用的年限为 40 年。

六　以划拨方式取得建设用地使用权的房地产转让

在我国，城市的土地性质是国有的，法律已对此做了较为明确的规定，但从经济层面上还未全面体现土地所有权的国有性质，这个过程经历的时间较长。如果房地产的使用权是通过划拨的方式获得的，转让价款或其他收益就涵盖了转让使用权的收益，转让人不应独自获得这些收益，应该和国家进行分配。土地被转让之后，往往涉及较为复杂的开发使用，无论是受让和转让主体，还是转让用途，这些都不尽相同。从这个层面上来讲，在土地使用权收益的处理过程中，不应简单地进行"一刀切"。《城市房地产管理法》明确指出，通过划拨方式得到土地使用权之后，在其转让管理中存在不同处理方式：其一，应该完成出让手续的办理，将土地使用权的划拨变成出让土地使用权，出让金的缴纳者是受让方；其二，土地划拨性质不发生变化，转让方需要缴纳相应的收益金。《转让管理规定》明确指出，如果存在以下情形，无须办理出让手续。

（1）所转让的私有住宅的主要用途仍然是居住。

（2）在获得规划行政主管部门审批后，土地转让后的主要用途是《城市房地产管理法》规定的以下项目：①建设基础设施，或者开展公益活动；②军事或机关用地；③用于国家重点扶持项目的建设，如水利、能源等；④法律规定的其他情况。

（3）对同一宗土地而言，只转让了其中一部分房屋，使用权不能进行分割转让。

（4）国务院针对住房实施的改革制度中明确规定的公有性住宅的出售。

（5）按照城市规划相关规定，不适合出让土地使用权的。

（6）在房地产的转让过程中，短时间内很难对土地使用权出让的年限、用途等进行确定的。

（7）根据县级或以上政府规定，无须出让土地使用权的其他情况。

如果暂时无须办理出让土地使用权相关手续，应该向国家缴纳所获得的收益，或在合同中注明其他处理方式。国务院在没有针对土地收益做出新的征收方案前，应该依据财政部相关征收管理办法，在交易手续的办理过程中，房地产市场管理部门在征收土地收益金后，最终向国家缴纳。如果房地产在转让之后再次进行转让，必须完成出让手续的办理，补交出让金，将已交土地收益扣除。

七 已购公有住房和经济适用住房上市的有关规定

对经济适用房而言，都是通过划拨供给的方式获得土地使用权；如果购买公有住房，相应的土地使用权大多是划拨供给。对于这两类住房的上市，原有政策做出了非常严格的规定。1999年，住建部在出台的经济适用、共有住房上市管理办法中，明确提出了取消这两类住房的上市限制。为更好地拉动住房消费，在经济适用、共有住房的上市方面，国家制定了很多减免政策，如个税、增值税、契税等，放宽了上市条件。与此同时，地方依据国家政策和地方发展实情，颁布了地方性优惠政策，使得存量房市场变得更加活跃。

第三节　商品房销售管理

一　商品房预售

(一) 商品房预售的概念

所谓商品房预售，实际上指的是开发商预先出售尚处于建设阶段的房屋给购房者，购买者需提前支付房价款或定金。

从预售到竣工之间的时间是非常长的，存在一定的风险问题，其中包含着很多购买房子的消费者的利益问题。为了加强对商品房预售行为的管理，加大商品房预售力度，保障购房人的权益，《城市房地产管理法》明确指出，商品房预售可以采用预售许可的方式。建设部《城市商品房预售管理办法》（建设部令第131号）中针对商品房的预售管理问题展开细致的规定。

(二) 商品房预售的条件

(1) 将所有的出让金都缴纳，得到使用权的证书；

(2) 得到施工的证明；

(3) 以预售商品房计算，在建设阶段投入的资金在工程总建设投资中的比例应该超过四分之一，而且已明确施工进度和交付时间；

(4) 开发商已在房地产管理部门完成预售登记手续的办理，获得预售许可证。

(三) 商品房预售许可

开发商预售商品房以前，要得到所有房地产管理部门的准许，这样才能够得到预售许可证明。如果没有得到准许，就不能预售。开发商预售商品房时，应将准许证明出示：

(1) 商品房预售许可申请表；

(2) 开发企业的营业执照以及相关的资质证明；

(3) 土地使用权证、施工许可证等证明；

(4) 投入开发建设的资金在总投资中所占比例的说明；

(5) 工程的施工合同和与施工进度有关系的证明；

（6）商品房针对预售制定的方案；预售的方案中要明确标注出商品房所处的位置、最终交工的日期，同时在其中将平面图附上。

房地产管理部门应针对商品房的预售许可制定相关决定，可以把这些决定公布，能够通过各种渠道查询到。

（四）商品房预售合同登记备案

开发商在获得预售许可证之后，可对外预售商品房。购房人员与开发商达成预售协议后，应该采取书面的方式签订预售合同。在签约前的 30 天内，预售人应该在土地、房地产管理部门完成登记备案手续的办理。

国务院在转发的建设部稳定住房价格通知文件中明确指出，在预购商品房之后，不能再次转让尚未竣工验收的预售商品房。

二　商品房现售

为了使商品房销售根据有科学性，基于房地产开发管理的规定，2001 年，建设部出台《商品房销售管理办法》（以下简称《办法》）。

该《办法》明确指出，只有在满足下述条件的情况下，才可现售商品房。

（1）如果开发商想出售商品房，应具有企业法人的营业执照，并且具备房地产开发企业资质证书。

（2）已经拥有土地使用权的证书，或者得到批准土地使用的相关文件。

（3）具备施工、工程规划许可证。

（4）已竣工，并完成验收手续。

（5）已完全落实拆迁事宜。

（6）配套设施如通信、供水、燃气等都交付，同时符合标准，剩下的设备都已经确定施工进度和交付的时间。

（7）处理好物业方面的内容。

三　商品房销售代理

房地产销售代理就是房地产企业或者是房地产的持有者把物业的

工作交给其他的团队负责，他们主要是帮助房屋销售。房地产销售代理的含义是房地产开发企业或者房地产的拥有者把物业销售的工作交给专业性较强的房地产中介服务机构，由他们帮着销售的一种形式。

如果运用代理方式，那么就一定要签署委托的协议。房地产企业与委托的房地产中介企业共同签订合同，在合同中应明确地标注出委托的时间、具体事情等，还要划分双方所掌握的权利和义务。中介销售商品房时，也要提供专门的证明材料以及委托销售的证明。

房地产销售人员应提高自身的专业性。房地产行业中有很多与法律有关的内容，要求房地产人员具备一定的能力，这样才能实现商品房的销售。

四 商品房销售中禁止的行为

第一，在商品房买卖合同尚未解除前，开发商不能再次销售商品房这一标的物给其他人；

第二，如果不满足商品房销售的相关条件，开发商不能对商品房进行销售，也不能采取任何方式从购买人处获得预订款；

第三，开发商在商品房的销售过程中，不能采取返本或变相返本的方式进行销售；

第四，必须以套为单位对住宅进行销售，不能采取任何形式进行分割销售。

如果对买卖合同进行虚构，出现房源囤积现象；未按照实际情况公布销售、价格等相关信息，采取恶意手段提高房价，诱导或哄骗购买人抢购；未按原计划开工建设、未在规定时间内竣工验收、售价和户型等与项目要求不一致，房地产主管部门应该记录这些行为，并录入开发商信用档案中，对外公开，进行曝光处理。对于情节严重的其他情形，建设部和相关部门必须及时出手，严格按照法律法规进行处理，并对外公布处理结果。

五 商品房买卖合同

房地产开发商和购买房子的人共同签署商品房的买卖合同。2000

年建设部、国家工商行政管理局对原于 1995 年颁布的《商品房购销合同示范文本》做进一步的修改，并且重新命名为《商品房买卖合同示范文本》（以下简称《示范文本》）。

（一）商品房买卖合同中包含下述内容：

（1）当事人的相关信息；
（2）商品房的状态，房屋的情况；
（3）商品房采用的销售形式；
（4）商品房房价款的总价格、采取的支付方式以及付款的时限；
（5）交付使用的时间以及条件；
（6）采用哪种装修以及装修参考的准则；
（7）供热、供水等基础设施的建设问题；
（8）公共配套建筑产权属于的问题；
（9）如果面积出现偏差，采用的处理方式；
（10）产权登记过程中需要注意的问题；
（11）存在争议时采用的处理办法；
（12）存在违约行为时的有效处理方式；
（13）双方共同商定的其他事情。

房地产开发企业要向外公开的事情，当事人要在商品房购买的合同之中明确规定。

（二）计价方式

商品房在销售过程中采用以套（单元）计算的方式，同时也可以采用以每一套内部的建筑面积的形式进行计算。根据当前我国提出的房屋权属登记的相关要求，房屋产权在进行登记时，应重点标注出房屋的建筑面积，以套、套内计价的方式不会影响到建筑面积。

（三）误差的处理方式

采用套内建筑面积计算出价格的，当事人应在合同上标注出存在误差的最明确的解决方式，面积误差之间的比值实际上就是产权登记面积与合同面积之间的比值。

合同上没有明确指出的情况，采用下述方式解决：

（1）面积误差比绝对值低于 3%（含 3%）的，据实结算房价款；
（2）面积误差比绝对值高于 3% 时，买受人能够退款。如果买受人退房，房地产开发企业要在一个月之内处理申请，将已付房价还给买受人，并且支付已付房款的利息。买受人没有申请退房的，产权上登记的面积比合同面积大的情况下，面积误差值低于3%（含3%）的，买受人支付面积之差的金额；高于3%的情况下，房地产开发企业自身要负责这部分资金，产权交到买受人的手中。如果产权登记的面积小于合同面积，面积的误差值低于3%（含3%），房地产的开发商要将差额房款还给买受人；如果误差值高于3%，那么房地产的开发商应以双倍的金额还给买受人。

（四）中途变更规划、设计

房地产开发企业要参照一定的准则设计商品房。商品房销售之后，不可以根据主观意志更改设计。在规划部门同意更改之后，才可以改变设计，但随意改变必然会产生影响，同时会影响到商品房的质量，房地产开发企业要在确定变更的10天之内，告知买受人。

买受人拥有权利，在得到通知的15天之内确定是否退房，并给予回复。如果买受人在收到通知后的15天之内没有进行回复，那么便以接受因更改造成的变更。房地产开发企业没有在第一时间通知这一消息，那么买受人可以退房；买受人退房不需要支付任何的违约金，所有的违约行为都由房地产开发企业承担。

六 保修责任

当事人应在合同之内准确地将保修内容进行标注。保修期应当从房屋交付的日子开始计算。

第四节 房屋租赁管理

一 房屋租赁的概念和分类

（一）房屋租赁的概念

对房地产市场而言，最常见、最关键的交易方式就是房屋租赁。《城市房地产管理法》明确指出，所谓房屋租赁，实际上指的是房屋所有权人通过出租的方式，在租房人按规定支付租金之后，可以使用房屋的行为。

《城市房屋租赁管理办法》(建设部令第 42 号)对此概念做了细化,规定:"房屋所有权人将房屋出租给承租人居住或提供给他人从事经营活动及以合作方式与他人从事经营活动的,均应遵守本办法",也就是上述行为要严格遵守《城市房屋租赁管理办法》的规定。

(二) 房屋租赁的分类

根据将房屋的所有权作为划分的依据,那么可以将房屋租赁分为两种:一种是公有房屋的租赁,一种是私有房屋的租赁。按照房屋的使用也可以将其分为两种,分别是住宅用途房租赁以及非住宅用途房租赁。应重点关注的问题是,非住宅用途房租赁中还包含了生产经营用房的租赁。

二 商品房屋租赁的条件

无论是法人、公民,还是其他组织,都能够依法出租具有所有权或获得经营授权的房屋。但需要注意的是,如果出现了以下情形,就不允许出租房屋。

(1) 没有依法获得房屋的所有权证书。

(2) 如果行政、司法机关在依法做出的裁定中,采取查封或其他方式对房地产权利进行限制的,不能出租;如果是共有房屋,在未获得共有人许可的情况下,不能出租。

(3) 违建房屋。

(4) 房屋权属存在争议。

(5) 房屋抵押之后,在没有得到抵押权人许可的情况下,不能出租。

(6) 与安全规定不符。

(7) 与主管部门相关规定不符。

三 商品房屋租赁合同

(一) 商品房租赁合同的概念

租赁合同,就是承租人和出租人共同签订的合同,是对双方的权利与义务的明显划分。基于法律层面分析，租赁合同中有一定的民事关系，合同中体现的就是承租人和出租人的民事关系。从这个层面上讲，租赁合同明确规定了承租人、出租人这两者所承担的义务和具备的权利，通过书面形式进行约定。无论是承租人还是出租人，都应该遵守该合同约定的内容。《城市房地产管理法》明确指出，承租人、出租人在租赁房屋时，应该采取书面的方式签订合同，对房屋用途、租金、期限和维修等事项做出明确的规定，同时，还要说明双方具备的权利和所需承担的义务。

《城市房屋租赁管理办法》中针对租赁合同的内容进行细致的规定，指出租赁合同中应包含下述内容。

（1）当事人姓名、居住地。

（2）房屋所在地址、总计面积、房屋内部装修。

（3）租赁后如何使用。

（4）租赁的时间期限。

（5）租金以及怎样进行支付。

（6）房屋维修的责任。

（7）将房屋转给别人时需要关注的事情。

（8）改变合同的原因。

（9）违约时怎样划分责任。

（10）与当事人双方共同商议的内容。

上述内容，租赁的时间、使用方式以及租金和支付方式等内容，都是《城市房地产管理法》规定中的必然因素。

（二）商品房租赁合同的内容

（1）租赁期限。《合同法》中明确指出，租赁时间应低于20年，超过20年的时间都不具备法律效益。租赁到期之后，当事人可以继续签订续订租赁合同，但是约定的日期也要控制在续订之后的20年之内。承租人应在租赁时间结束后将房屋返还。出租人要遵循合同约定的时间，将房屋交付给承租人，同时确保在约定时间内，承租人可以继续使用。出租人在约定的时间之前就要收回房屋的，应和承租人商量，只有承租人准许之后，才能把房子收回，要向承租人提供相应的补偿。

（2）租赁用途。在房屋租赁的合同上指出房屋到底怎么使用，承租人要根据租赁合同上的要求，不改变房屋的使用性质。如果在没有得到准许的情况下，就随意改变，那么就要赔偿相应的资金。改变使用方式必须与出租人共同商议。出租人将房屋租给新的租客时，要制定新的租赁合同。

（3）租金及交付方式。租赁合同的中心内容便是租金的标准，这也是租赁问题产生的重要因素。所以，在对其进行管理时，应重点关注租金问题。租赁合同上应详细标注出租金的标准以及采用的支付手段，并且租金标准要严格按照法律规定。

（4）房屋的修缮责任。如果出租房出现问题，就要根据合同上的要求，出租人维修，出租人要承担全部责任。没有在第一时间维修，并且发生事故，损害承租人的财产或人身安全的，出租人承担全部责任。房屋修缮的负责人要及时地对房屋进行检查，一旦出现问题，就要在第一时间进行维修，确保承租人的安全。房屋修缮的负责人无力承担修缮费用，可以与当事人进行商量，共同修理，责任人也要在这一过程中承担修缮费用，可以将其变为租金或者分期偿还。

（三）商品房租赁合同的终止

一旦签订租赁合同，双方就必须都要遵守。租赁合同没有效果或者不再使用的因素有两个：一个是自然终止，另一个是人为终止。自然终止主要是因为：

（1）到了合同上规定的时间，承租人如果还想租房，那么就要在到期的三个月之前指出，与出租人共同商量，同意之后续约；

（2）根据法律规定中指出的可以停止合同的条件；

（3）受到一些不可抗力导致合同不能继续进行。

上述因素影响导致合同终止，导致一方当事人的损失，除了法律指出的免除责任之外，其他的都要由责任方负责。

人为终止是，租赁双方因为一方的因素影响合同不能继续进行而被迫终止的情况。多数都是因为无效合同的终止以及双方在租赁过程中受到人为因素的影响而导致终止。因为租赁双方的因素导致合同终止的情况包括：

（1）私自转租承租的房屋；

（2）私自将承租的房屋转接他人，或不经过允许调换使用；

（3）在没有得到允许的情况下拆改结构或者不遵守约定的使用用途的情况；

（4）没有合理的理由拖欠房租，超过六个月的情况；

（5）没有合理的理由将公有住宅用房空余超过六个月的时间；

（6）承租人在房屋内进行违法行为；

（7）主观破坏房屋；

（8）法律、法规规定的其他可以收回的。

存在以上行为的，出租人可以停止租赁合同，不仅可以收回房屋，同时还可以要求租赁方赔偿损失。

四 商品房屋租赁登记备案

《城市房地产管理法》明确指出，租赁房屋时，承租人、出租人这两者应采取书面形式签订合同，对房屋用途、租金、时间和维修等事项做出明确的规定，同时，还要说明双方具备的权利和所需承担的义务，并到房地产管理部门进行登记，完成相关备案手续。完成登记备案手续后，无论是承租人，还是出租人，二者的利益都能得到保障，而且还能避免出现非法出租的现象，进一步减少矛盾和纠纷，推动社会稳定、持续、健康发展。

（一）申请

签订、变更、终止租赁合同的，房屋租赁当事人应在合同签订的一个月之内，持有效证件，到相关部门办理手续。需要准备的材料包括：

（1）书面形式的租赁合同；

（2）房屋所有权证书；

（3）当事人的有效的身份证明文件；

（4）市、县人民政府要求的其他有效文件。

出租共同拥有的房屋时，应上交其他共有人的赞同证明。如果出租的是代管房屋，还要出示授权人的授权书。

（二）登记备案

房屋租赁登记备案审查的主要内容应包括：

（1）对合同主体进行审查，审查出租人和承租人是否符合条件；

（2）对租赁客体进行审查，是否具备出租的资格，是否是法律准许出租的房屋；

（3）对租赁合同进行审查，内容是否全面，有没有准确表明租赁的时间和责任划分；租赁行为有没有严格遵循国家规定的租赁制度；

（4）审查有没有遵循部门要求进行税费的缴纳。

五　商品房屋转租

转租房屋指的是承租方对所租赁的房屋进行再次出租的行为。《商品房屋租赁管理办法》明确指出，在得到出租人的许可之后，承租人能够依法对所承租的房屋进行转租。在转租过程中，出租人能够从中获益。在不超过租赁期限的情况下，承租人转租房屋时，既要满足相关法律法规，还要向出租人征求意见，并获得出租人的许可，承租人既可以对所承租的房屋进行全部转租，也可以部分转租。在转租房屋时，应该签订转租合同。需要注意的是，转租合同既要满足相关部门的要求，还要出租人提供许可转租的相关证明。转租合同应该依法完成登记备案手续的办理。在转租合同生效后，转租人需要遵守转租合同中对于出租人的相关约定，在行使权利的同时，还要履行相应的义务，与此同时，在原先签订的租赁合同中，作为承租人，要履行相关义务，如果转租双方和出租人经过协商后，达成一致见解，这种情形可排除在外。

在转租过程中，如果原先签订的租赁合同发生了变化，或终止、解除等，与之相应的，转租合同也应做出调整。

第五节　房地产抵押管理

一　房地产抵押的概念

所谓房地产抵押，就是抵押人将自己符合法律效益的房地产抵押到抵押权人的手中，并提供债权履行担保。如果债务人未履行到期债务，在这样的情况下，抵押权人对被抵押的房地产享有优先受偿的权利。

抵押人就是将房地产交付给抵押权人,作为本人或者第三人负责债务担保的公民或者其他组织。抵押权人就是接受房地产抵押,成为债务人负责债务担保的公民或者其他组织。

预购商品房进行贷款抵押,就是购房人将首付支付后,贷款金融机构为他支付剩下的购房款,把所购买的商品房放在贷款机构作为偿还贷款担保的方式。在建设过程中的工程抵押就是将人为获得在建工程继续建造的贷款,采用合法的方式将土地使用权一起加入在建工程的资产之中,采用不转移占有的方式将其抵押给贷款公司,为贷款提供担保。

二 房地产抵押的条件

房地产抵押的抵押物是随土地使用权的取得方式不断发展变化的,它不是一成不变的,《城市房地产管理法》规定:"依法取得的房屋所有权连同该房屋占用范围内的土地使用权,可以设定抵押权。以出让方式取得的土地使用权,可以设定抵押。"根据上述的规定能够得出,抵押房地产时,抵押物应满足以下条件。其一,依法获得房屋所有权和房屋所占土地的使用权,并对抵押权进行设置。一般情况下,对这类抵押而言,不管土地使用权是通过划拨方式获得,还是通过出让方式获得,只要合法,就能以房地产为抵押物,并对抵押权进行设置。其二,仅对土地使用权进行抵押,这就意味着,对于地面还未完成建设的建筑物,根据所获得的土地使用权对抵押权进行设置。通常情况下,这类抵押设置的前提必须是通过出让方式获得土地使用权。

三 房地产抵押的一般规定

第一,房地产抵押,抵押人可以拥有多个房子,可以把一个地方的房地产进行分割抵押。超过两宗的房地产可以制定一个相同的抵押权,将其看作一个抵押物,存在抵押关系的过程中,所要承担的担保义务难以区分,但是如果抵押当事人有其他的约定,那么便要遵守。将一宗房地产进行分割的,第一次进行抵押之后,这个房产还可以进行二次抵押。

第二，当建筑物抵押，建筑物占用范围内的建设用地的使用权同样进行抵押。建设用地的使用权抵押，那么在这个土地之上的建筑物都要进行抵押。

第三，享受了国家的优惠政策，买房子并将其抵押，抵押的额度应根据收益的额度进行确定。

第四，国有企业、事业单位法人在把国家赋予的房地产进行抵押的过程中，要遵守国有资产管理的相关要求。

第五，采用集体所有制企业的房地产进行抵押时，要得到所有制企业的职工代表的同意，同时还要保证上级部门了解详细内容。

第六，将采用中外合资企业、合作经营以及外商独资企业的房地产进行抵押，要得到董事长的准许，除去企业制定的独特的约定。

第七，采用股份有限公司、有限责任公司专门的房地产抵押，应提前与公司内部的负责人进行商量，票数通过才可以进行抵押，除去企业制定的特殊约定。

第八，获得经营期限的企业以所有房地产进行抵押的，要承担的履行期限应低于企业的经营时间。

第九，采用具备土地使用时间的房屋抵押，房屋的债务时间要比合同上约定的时间少才可以抵押。

第十，采用共有的房地产进行抵押，抵押人要同合伙人进行沟通，同意后出具同意书进行抵押。

第十一，如果抵押的房子还有贷款，商品房开发项目符合房地产转让的要求，同时获得房屋预售准许的房子，可以进行抵押。

第十二，已经签订抵押合同，并且房产已经出租的情况下，在保证租赁关系正常运行的情况下抵押。

第十三，企、事业单位法人分立或者重新合并，依旧使用过去的抵押合同。它的权利和义务应由掌握抵押物的企业全权负责。

第十四，抵押人死亡或依法宣告失踪的情况下，他的房地产合法继承人可以继续进行之前的抵押合同。

第十五，订立抵押合同时，不得在合同中约定在债务履行期届满抵押权人尚未受清偿时，抵押物的所有权转移为抵押权人所有的内容。

第十六，抵押当事人应对抵押的房产保险，抵押人要确保自己抵押的房产没有任何的问题。这时产生的费用由抵押人负责。抵押房产投保，抵押人也要把保险单交到抵押权人的手中。

第十七，学校、幼儿园、医院等公益性质的事业单位，能够将教育设施、医疗卫生设施除外的房地产作为自身债务的抵押。

四　房地产抵押合同

担保债权债务的主要方式就是将房地产进行抵押。抵押人、抵押权人签订合同是为了保障债权债务，签署抵押合同的双方都要在合同中明确进行规定，尤其是双方所要承担的义务以及享有的权利。如果主合同的效力没有了，那么抵押合同的效力也就没有了。在房地产抵押中，抵押物的价值较高，法律规定房地产抵押人与抵押权人必须签订书面抵押合同。

抵押物应是有保障的，当事人应在合同中重点标注，抵押人是保险赔偿的第一受偿人。抵押权人在规定的时间之内，没有按照规定的时间还款，房产便属于债权人。抵押权人应在房地产抵押以后，严格控制抵押人出租等行为，应在合同中重点标明。

五　房地产抵押估价

房地产抵押主要是将房屋的价值进行抵押。基于建设部、中国人民银行和中国银行业监督管理委员会联合印发的《关于规范与银行信贷业务相关的房地产抵押估价管理有关问题的通知》的规定，商业银行发放房地产贷款之前，应同抵押人共同探讨房地产的抵押价值，也可以采用第三方机构，对房地产进行评估，评估房地产的价值，为抵押贷款的额度做重要参考。采用评估的形式得出的房地产抵押价值，按照正常程序，应由商业银行委托房地产评估机构进行，但是商业银行同借款人进行约定，也可以遵循约定，采用约定方提供的房地产估价机构进行评估。

在抵押房地产之前，应该明确抵押价值。房地产抵押估价管理相关文件明确规定，在房地产抵押贷款下发前，商业银行、抵押人对房地产抵押价值进行商议，同时，房地产估价机构受到商业银行的委托，可对房地产抵押价值进行评估，作为明确抵押贷款金额的依据。从原则上来讲，如果采取委托方式对房地产抵押价值进行明确的，商业银行应该对估价机构进行委托，通过专业机构评估抵押价值，但需要注意的是，如果商业银行、借款人存在其他约定，可按约定对估价机构进行委托。

房地产进行抵押估价的过程中，房地产估价师应对这项工作负责，掌握抵押房地产的法定优先受偿权利等内容；在一些特殊情况下，要进一步调查委托人所提供的资料和信息，做进一步的核实；多角度、全方面地掌握评估对象的实际情况，对评估对象详细地展开调查，把评估对象当前的情况以及与其有关联的权属证明材料一一比较，并在比较过程中记录好数据，通过照相记录评估对象的外观、内部以及周围的情况；在进行房地产处置的过程中，不仅要将房地产的市场价值公开，还要提出可以快速变现价值的意见和建议等。

房地产抵押评估的报告范围大、评定的内容较详细，估价过程中考虑到对象的实际情况、权益情况等因素，将评估对象已经设定的抵押权进行披露；深入探究估价对象的变现能力；将假设和限制条件进行披露；披露是一种假设以及限定的条件，如果它能够影响评估的结果，那么就会影响最后的评估结果；评估报告中应有法定优先受偿权等一些资料，不论是书面的，还是内外部的照片等，都要以附件的形式加入其中。受到一些因素的影响，无法拍摄内外部照片的，要在估价报告中明确标明。房地产抵押估价报告的有效期，从估价报告正式生成那天开始，一年之内。房地产估价师预估出估价对象的市场价格波动性较大，这种情况可以适当减短有效期。

除此之外，参考《关于规范与银行信贷业务相关的房地产抵押估价管理有关问题的通知》中的要求，商业银行应加大对已抵押房地产市场价格变化的监督和管理。为了可以准确地了解抵押价值的变化，商业银行可以在固定的时期，或者也可以在市场价格波动较大的情况下，委托房地产估价机构进行估价，了解当时的房地产抵押价值。对房地产处置之前，商业银行要请求房地产估价机构进行估价，掌握房地产当时在市场上的价值。

六　房地产抵押登记

（一）房地产抵押登记部门

《城市房地产管理法》明确指出，抵押房地产时，应该采取书面的方式签订抵押合同，并完成抵押登记手续的办理。根据《物权法》相关规定，从登记时开始设立抵押权。如果没有完成登记手续，房地产的抵押权无效，抵押物不具备优先受偿权。

目前，我国的各地土地以及房地产的管理制度差别较小，存在着许多的管理制度，法律中规定将房地产或者乡（镇）、村企业的工厂等建筑物作抵押的，登记机关必须是县级以上人民政府。抵押权是基于所有权这个物权上所制定的一种权利——担保物权，也叫作限制物权，它的作用就是约束抵押人诊断已抵押房地产的处分权利，没有得到抵押权人许可的，不能将抵押物进行处分、转让，保证担保的意义，因此，登记机关只可以通过不动产的交易权属登记机关中指定，不可以委托于其他的部门。《城市房地产管理法》中针对转让和变更制定了更加细致的规定，要先申请房地产变更登记，获得变更后的房屋所有权的证书后，去申请土地使用权的变更登记。为了使程序更加简洁，使当事人的手续减少，并且也为了使抵押登记更加安全，部分地方要求，将房、地合为一体共同进行房地产抵押的，房地产的管理部门必须是抵押登记机关；如果地上没有建筑物的，将土地使用权进行抵押的，抵押登记部门要求是核发土地使用权证书的土地管理部门。

（二）房地产抵押登记要件

根据《房屋登记办法》，申请抵押权登记，应当提交下列材料：

（1）登记要提交的申请书；

（2）申请人的个人信息以及可以展示出的身份的证明；

（3）拿出房屋的所有权或者能够证明房地产的相关证书；

（4）制定的详细的抵押合同；

（5）明确的主债权合同；

（6）提供其他规定的材料。

登记机关将申请人上报的材料展开细致查阅，查阅的内容有：抵押物能不能达到进入抵押市场的要求；抵押人所提供的房地产证明文件同权属档案中所记录的是否一致，调查权属证实是不是造假的；等等。同时审核人也要在资料上面签字。符合登记条件的就要在法定的时间内将其记入登记簿，同时将权利证书颁发。

七 最高额抵押权

所谓最高额抵押，实际上指的是为更好地履行担保债务，在某段时间内，第三人或债务人针对连续债权提供担保财产，如果债务人对到期债务不履行职责，在这样的情况下，抵押权人可在不超过最高债权额限度的条件下，针对此项担保财产享有优先受偿权。最高额抵押实际上就是对抵押进行限额，主要为未来债权提供担保，对某段时间出现的连续债权提供担保。在最高额抵押中，已经明确了最高债额，但尚未明确实际发生额。对最高额抵押权进行设置时，如果没有发生债权，为更好地履行未来债权，抵押权人、抵押人双方经过协商之后，将最高额确定下来，在不超过该额度范围的情况下，对债权提供担保。

八 房地产抵押的效力

抵押权的实质是价值权，并不是实体权。在抵押权设置之后，抵押权人的占有权不会发生转移。抵押人对抵押进行设置，抵押人仍享有房地产所有权，有权占用抵押物，还能获得抵押物的收益，但需要注意的是，会在一定程度上限制抵押人的所有权。在抵押过程中，在获得抵押权人许可的情况下，抵押人对房地产进行转让，应向抵押权人提存转让价款。

在房地产存在抵押关系的过程中，抵押人要对房地产的安全性和完整性进行维护。如果抵押人个人行为导致抵押物价值下降，抵押权人应要求抵押人不再行使该行为。如果抵押物价值下降，在这样的情况下，抵押权人可要求抵押人恢复价值，也可以提供和它有关系的担保。如果抵押人没有对房地产抵押，那么，抵押权人应提出提前清偿债务的要求。

九　房地产抵押权的实现

抵押涉及民事法律关系，从法律层面上来看，抵押人、抵押权人这两者的地位是平等的。这样一来，就意味着双方必须基于自愿原则进行抵押，而且必须满足担保法、民法通则的相关规定，如等价、有偿等。抵押合同是一种担保合同，债务人需按照主合同约定承担相应的义务。按照《物权法》相关规定，如果债务人不对到期债务进行履行，抵押权人可与抵押人进行协商，对所抵押的房地产采取拍卖、折价的方式，得到的款项会专门设置优先得到赔偿的权利。如果签订的协议并不能帮助其他的债权人，那么要在其他债权人知道这件事情的基础上，能够在一年的时间之内把协议撤销。如果抵押人没有签订相关的协议，在这样的情况下，抵押权人可向法院提出变卖、拍卖房地产的请求。如果变卖、折价抵押房地产，必须以市场价格为依据。

人民法院依据法律将抵押物进行拍卖，拍卖的保留价也要严格遵循人民法院的评估价制定；没有进行评估的，按照市场的价格制定，同时还要获得当事人的同意。人民法院在制定保留价，首次拍卖的过程中，要高于评估价格或者市场价格的80%；如果要进行流拍，二次拍卖时，可以适当地降低价格，但是每次降低的价格都要低于上一次保留价格的五分之一。抵押物折价或者拍卖之后，它的价格高于债权数额的都要交到抵押人的手中，低于的部分要由债务人补全。如果抵押人没有遵守规定履行偿还债务的义务，根据法律规定的内容，房地产抵押权人可以与其解除合作关系，抵押合同不再生效，拍卖抵押物，并获得拍卖所得，保障自己的权利。

针对设定房地产抵押权的土地使用权是采用划分的形式获得的，根据法律上的要求把房地产拍卖，拍卖得到的资金根据一定的比例缴纳出纳金，抵押人能够得到赔偿。签订房地产抵押合同以后，土地上再建造的房子便不在抵押财产的范围之内。抵押房产拍卖，根据土地上新增加的房屋作为抵押的财产进行拍卖，但是对于新增房屋拍卖的款项，抵押权人没有优先受偿的权利。土地承包经营权、乡镇、村企业厂房等一些建筑物所占据的建设用地的使用权共同抵押的，抵押权开始产生作用以后，在没有获得法律准许的情况下，土地使用权的使用方式不能发生变化。

抵押物消灭，相应的抵押权也会消失。因灭失之后得到的赔偿金隶属于抵押财产。抵押权人要在主债权生效之后的有效时期内履行抵押权；没有在有效时期内实行的，人民法院不对其进行保护。

除此之外，基于《最高人民法院关于人民法院执行设定抵押的房屋的规定》，针对被执行人已经设定抵押的房地产，人民法院可以将其查封，同时考虑抵押权人的申请，将其进行变卖或者抵债。但是，同时也规定，人民法院已经按照法律进行抵押的被执行人以及其家属居住的房屋，进行拍卖、抵债之后，可以给予被执行人六个月的时间缓解。六个月之内，被执行人要将房屋空出，人民法院不能采用暴力的方式将被执行人及其家属驱赶出房屋。六个月之后，如果被执行人依旧没有空出房屋，人民法院可以采取强制迁出的方式，并遵循《民事诉讼法》第二百二十九条的规定执行。强制将其迁出，如果被执行人不能自己解决居住问题的，经过人民法院调查情况属实，执行人可以帮助被执行人及其家属申请临时住房。申请执行人准备的临时住房，会收取相应的租金。

第五章

房地产测绘

第一节 房地产测绘的概念

一 房地产测绘的定义

房地产测绘是指采用测绘仪器、测绘技术以及测绘的方式，测量房地产所处的位置、所占面积等，可以是房地产权利人以及管理部门获得相关信息的专业技术工作。

二 房地产测绘的种类

房地产测绘主要分为两种：一种是房地产基础测绘，另一种是房地产项目测绘。

房地产基础测绘就是在城市内部，构建出一张全市范围的网络图，制定一个房屋的基础图纸。

房地产项目测绘更多的是为了满足房地产的要求，采用测量等形式，绘制出的房地产平面图。

三 房地产测绘成果

房地产测绘成果就是根据房地产测绘得出的数据、图表等资料。

得到允许的房地产测绘机构基于委托方提出的要求工作，确保测绘的最终成果的准确性。

四 房地产测绘的基本内容

房地产测绘的基本内容包括：房地产平面控制测量、房地产调查等。

第二节 房地产测绘的作用

一 为房地产开发、经营以及交易提供基本信息服务

房地产测绘成果是一种量度的参考，尤其是测量房地产商品量，使房地产开发、经营企业实施房地产开发经营决策等工作，都有准确的数据的参考，同时能够指导房地产的消费选择行为，购置房产的过程中能够参考。买卖双方采用合同的形式，将产权登记的面积作为销售面积，并且以单位的面积计算价格，这时候，房地产面积与房地产价值便存在联系。

二 为房地产管理提供信息服务

第一，房地产管理部门应调查本地区的实际情况，参照实际情况制定政策。

第二，房地产权属登记发证要了解产权单位所在地理位置、占地总面积等内容，信息的获得是通过测绘的方式实现。

第三，为其他部门提供参考资料。

房地产测绘能够使城市建设、税收等部门的工作有基础资料的参考，并且能够获得相对应的信息。

第三节 房地产面积测算的一般规定和方法

一 房地产面积测算的一般规定

第一，测量房地产面积，更多的会选择使用水平投影面积进行计算。

第二，每一种类型面积的计算，都应采用两次独立测算，并且差距要保持在规定的差距之内，将中间数当作最后结果。

第三，边长以 m 为单位，取至 0.01m；面积以 m^2 为单位，取至 $0.01m^2$。

第四，测量距离的过程中，应选用标准的尺子。

第五，楼层高度是指上下两层之间的距离。

二　房地产面积测算的方法

面积测算的方式有很多，通过搜集相关资料，当前采用最多的就是解析法和图解法。针对房地产面积测算，运用最多的便是解析法，房屋面积计算更多的会运用几何图形法。如果计算用地面积，多数都会运用坐标法。

第一，解析法测算面积，就是在实地展开测量，通过测量得出的最终数据。解析法测算面积包括两种面积测算的方式：一种是界址点坐标解析测算面积；另外一种是几何图形法量算面积。

第二，图解法测算面积，就是根据目前手中的房地产图，结合多种仪器测量出最终的面积。

第四节　土地面积测算

一　土地面积测算的意义

在进行调查的过程中，土地面积测算是其中不可忽视的内容，并且也是得到土地数据资料的关键因素。运用面积进行测量，测量出每个单位的土地面积。当前采用的最普遍、最精准的计算土地资源数据的方式就是量算。

二　丘的测量要求

丘就是地表上的有界空间的一块地。丘分为两种：一种是独立丘，一种是组合丘。独立丘指一个地块，它在产权单元的范围之内；一个地块如果是多个产权单位，这种情况下叫作组合丘。一般情况下，一个单位或者一个房屋只会运用独立丘的方式。详情见《房产测量规范》。

三　不计入用地面积的范围

第一，没有准确的定义出使用权属的内容；

第二，由市政府管理的公路、街道等；

第三，公共范围之内的河滩等；

第四，已经属于原来房地产记载的范围之内，并且得到规划部门的审核，将其作为市政的建设用地；

第五，参照企业规定的内容。

第五节　房屋建筑面积测算

一　计算全部建筑面积的范围

第一，永久性结构的单层房屋，计算面积运用一层计算形式；多个层次的房屋采用按每个楼层的建筑面积的和计算。

第二，房屋内的夹层、电梯间等，计算建筑面积时，要算 2.20m 以上的部分。楼梯间、电梯（观光梯）井等都按照自然层来计算面积。在坡地之上的房屋，采用吊脚做架空层，如果构建了围护结构，那么计算外围面积时，要以 2.20m 以上的部分计算。

第三，整个房屋中的通道，都采用一层的面积方式进行计算。门厅、大厅中的回廊，层高于 2.20m 的，运用水平投影的方式进行计算。

第四，房屋天台上，是永久性建筑，如果层高于 2.20m，那么就要参照外围水平投影面积计算。

第五，挑楼、全封闭的阳台，采用外围水平投影面积的方式进行计算。

第六，地下室、半地下室和它相对应的出口，层高高于 2.20m 的，运用外墙外围水平投影面积计算最终的面积。

第七，有柱子或者是有维护结构的门廊，运用柱外围的水平投影面积计算出最终的面积。

第八，玻璃幕墙等当作房屋的外墙的，可以利用外围水平的投影面积形式计算。

第九，属于永久性建筑的车棚等，根据柱外围的水平投影面积计算出最终的面积。

第十，具有伸缩缝房屋的，并且与室内是相连接的，可以通过算出伸缩缝面积，进而得出建筑面积。

二 计算一半建筑面积的范围

第一，与房屋连接但是没有柱子的走廊等部分，根据外围水平投影面积的一半计算。

第二，独立柱、单排柱的门廊是永久性建筑，运用上盖水平投影面积的二分之一计算。

第三，阳台不是封闭的，运用围护结构外围水平投影面积的一半计算。

第四，无顶盖的室外楼梯，运用楼层投影面积的一半计算。

第五，有顶盖的但没有封闭的架空通廊，按外围水平投影面积的一半计算。

三 不计算房屋建筑面积的范围

第一，比 2.20m 低的夹层等部分和比 2.20m 高的地下室等部分；

第二，比房屋墙面高的一些装饰部分；

第三，两个房子中无上盖的走廊；

第四，房屋的挑台、天面上的花园等；

第五，建筑物内的操作平台、上料平台及利用建筑物的空间安置箱、罐的平台；

第六，骑楼的底层是道路街巷的面积，将其使用在道路街巷通行的范畴之内；

第七，采用引桥等方式构建的房屋；

第八，临时搭建的房屋；

第九，独立烟囱、亭等；

第十，同房屋没有连接的伸缩缝。

四 特殊情况下建筑面积测算

第一，同一个楼层的外墙，如果是有主墙的，那么就计算主墙的建筑面积，墙的厚度根据主墙的厚度进行计算。每个楼层的墙的厚度都是不同的，每一层都要根据每一层的厚度统计计算。

如果是金属幕墙或者其他材料的幕墙，则要以玻璃幕墙作为标准进行计算。

第二，房屋屋顶是斜面结构（坡屋顶）的，计算出高于2.20m的建筑总面积。

第三，全封闭阳台、有柱挑廊的部分，计算面积采用的方式是，通过底板水平投影，得出最终的建筑面积。有顶盖的架空通廊的外围水平比底板外沿高的部分，利用底板水平投影算出建筑面积。

如果是没有封闭的阳台，那么计算总面积就要计算底板水平投影的一半。

第四，同室内的一面相连接，达到房子要求的，并能正常利用的伸缩缝、沉降缝应计算建筑面积。

第五，对于一些墙体形状不直的情况，计算建筑面积的过程中，仅计算比2.20m高的那部分建筑面积。如果房屋的墙体不是直的，而是弯曲的，那么高出去的那部分就可以根据底板投影得出最终的建筑面积。

第六，临街楼房，不管有没有柱子、有没有围栏，都不算进建筑面积之中。

第七，同室内没有连接的阳台、挑廊等建筑，不加入总建筑面积里。

五 成套房屋建筑面积的测算

一整套的房屋建筑面积主要测量两部分：其一是套内面积，其二是共有建筑面积。套内的建筑面积还可以划分为三个部分，分别是套内房屋的总使用面积、墙体的总面积以及阳台建筑的总面积。套内房间使用面积的计算方式就是套内使用空间的水平投影面积，遵循下述要求。

第一，套内房屋面积有很多的内容，例如套内卧室、厨房等，将这些空间的面积相加便是总使用面积。

第二，套内楼梯以自然层数的总面积的方式加入套内房屋的使用面积。

第三，除去结构面积里的套内烟囱等面积，剩下的都要统计到套内的房屋使用面积之中。

第四，内墙面装饰厚度也要加入房屋的使用面积之内。

六　共有建筑面积的分摊

(一) 共有建筑面积的分类

共有建筑面积根据到底可不可以分摊的内容，分为两种：一种为不应分摊的共有建筑面积，另一种为应分摊的共有建筑面积。

(1) 不进行分摊的公共面积是：公共休息、绿化的架空层；建筑造型无实际功能的建筑面积。

建立在房屋之外，或者同本建筑物相连的功能是管理用房或者服务的设备，加上建在建筑物之外的，也是本建筑物的服务设备或者功能用房，都是不应分摊的共有建筑面积。

(2) 共有进行分摊的面积主要有：①公共特性的电梯井、管道井等一些服务于建筑物的公有性质的建筑总面积；②单元与共有建筑面积之间的墙体水平投影面积的一半，同外墙的水平投影面积的一半。

(二) 共有建筑面积分摊的原则

第一，产权双方共同签署具有法律效益的分割协议，严格根据协议中所规定的内容将面积进行分摊。产权双方制定了准确合法的全书分割协议，根据协议中的规定进行分摊。

第二，如果双方没有签订分属协议，那么就可以考虑共有建筑面积的使用功能，根据建筑面积分摊。

(三) 共有建筑面积分摊的计算公式

按相关建筑面积比例进行分摊，计算各单元应分摊的面积，按下式计算。

分摊的公用建筑面积＝公用建筑面积分摊系数×套内建筑面积。

公用建筑面积分摊系数＝公用建筑面积／套内建筑面积之和。

第六章

物业管理制度与政策

第一节 物业管理概述

一 物业与物业管理基本概念

（一）物业的含义

"物业"这个词语也是通过英文翻译而得的，"Estate"或"Propert"，翻译过来的含义就是"财产、资产"等，这是一个广义的解释。根据物业管理的角度展开探究，物业就是同各类房屋的设备和场地产生必然联系。各类房屋实际上就是建筑群，包含住宅小区、工业区等，也可以是单体建筑，例如写字楼等。同时，物业是单元房地产的第二个名称，也就是住宅单元。一个物业之中有很多个产权拥有者。

（二）物业管理的含义

物业管理就是业主选择物业服务企业，业主同物业服务企业共同签订物业服务合同约定，针对房屋和与之相关联的设施设备展开维护、养护，并且保证相关区域范围之内的环境和秩序。物业管理的含义中包含三层意思：（1）物业管理是业主去选择合适的物业服务的企业，实现自己的目标；（2）物业管理活动应根据物业服务合同中的要求进行；（3）物业管理的主要工作是维修设备、保障社区环境。物业服务企业，就是按照法律设定、具备福利法人资格的，主要承担物业管理服务互动的主体。

二 物业管理的基本特征

物业管理的三大突出特点就是社会化、专业化以及市场化。

（一）社会化

物业管理的社会化含义分为两种：第一种是物业的所有权人到市场上选择物业服务企业；第二种是物业服务企业在社会上找到可以代管的物业。

物业的所有权、使用权以及物业的管理权没有必然的联系，这是物业管理社会化发展的前提，现代化大生产的社会专业分工也是物业管理社会化的必然因素。

（二）专业化

物业管理的专业化是物业服务企业与其签署合作协议，严格遵循产权人的要求进行管理。目前，经济发展的速度越来越快，建设领域之内的产品种类也变得越来越多，所以对物业人员的要求也变得越来越高，开始招聘掌握一定管理技术以及科学技术的人员，具备较为先进的技术，可以构建合理的管理制度以及相关手段服务于企业，这样才能够提供更具针对性的物业管理服务。

（三）市场化

物业管理最明显的特点便是市场化。根据目前市场的经济发展，物业管理也要重点关注经营问题，所有提供的商品的核心就是服务。物业服务企业基于当前的企业制度向前推行，服务于业主和使用人，业主和使用人也要支付相应的资金。市场竞争制度以及商品经营方式上升到商业行为，这就是市场化的要求。

三　物业管理服务的基本内容

物业管理服务的基本内容主要有以下几项。

（1）物业公共部分的维护。

（2）物业共同使用的设备的维修和管理。

（3）环境、卫生以及相关区域的绿化问题。

（4）车辆的摆放管理。

（5）物业管理区域内部的公共秩序、消防等协助管理事项的服务。

（6）物业装饰管理服务。

（7）物业档案资料的管理问题。

除了上述所指出的内容，要基于物业的特性，业主应同物业服务企业之间制定物业服务合同，严格遵循合同上规定的内容。

第二节　物业管理的基本制度

为了加强对物业服务活动的管理，保障物业服务当事人的权益，《物业管理条例》（国务院令第379号，以下简称《条例》）重点指出建立章程和建立制度的重要性，制定了下述六项物业服务的制度。

一　业主大会制度

《条例》中提出业主大会可以和业主委员会一起存在，两者之间互不耽误，业主大会主要负责决策，业主委员会主要负责执行。提出物业管理区域内所有的业主大会，主要是保障物业管理范围之内的业主的合法权益。同时，细致地规定了业主委员会产生的形式，所要承担的责任，等等。

为了确保业主大会可以正常运行，加强监督，《条例》细致地列出业主大会以及委员会所要承担的任务，任何决定都与物业管理相一致，活动也要紧紧围绕物业管理进行。

二　管理规约制度

物业服务的业主有很多，每一个业主的利益也不同，既有个人利益，又有集体利益。如果个人的个体利益同集体的共同利益出现矛盾，个人利益要为集体利益让步，个别业主应严格遵循物业服务企业指定的制度，保障社会秩序和谐。如果业主同物业之间有矛盾，该问题是民事纠纷，不能采用行政的方式进行解决，《条例》中提出，要制定细致、有力度的管理规定来管理业主。建设单位必须在房屋售卖之前就制定出更加细致的管理制度，确保业主的合法权益，并且业主也负有相应的义务，不宽恕任何违法的行为。

三 物业服务招投标制度

市场经济的不断发展，使得物业服务的影响也越来越大，市场经济中最明显的特征便是竞争。《条例》中提出招投标能够大大推动物业发展，并且还要制定详细的、公正的市场竞争制度，找出最适合的物业服务企业。采用招投标的形式选择出最合适的物业服务企业，同时针对住宅物业的建设单位，为采用招投标的形式选聘具有相应资质的物业服务企业制定了明确标准。

四 物业承接查验制度

物业服务最基本的工作就是物业承接验收。《条例》中提出，物业服务企业在获得物业工作的过程中，首先要对物业共用部分进行细致的检查，检查之后进行签订验收的手续，同时将一些有关的材料转移到物业服务企业的手中。

五 物业服务企业资质管理制度

物业服务具有自身的特点。物业管理服务实际上就是管理业主公共事物的工作，具备一定的公共产品的特性。基于物业的服务范围之内，物业服务企业要按照全体业主的授权，对个别业主的不良行为进行监管，例如违规装修、扰乱秩序等行为，来保障绝大多数的业主的利益以及社会公共利益。物业服务企业还要加强同业主之间的交流，企业素质以及管理水平直接关系到业主的生活质量。物业服务具有专业性，当前，经济的发展速度越来越快，新技术开始在房地产开发建设中采用，物业也变得更加智能化，这对于物业人员也提出了更高的要求，应招聘一些素质较高的技术人员，采用先进的设备提供服务，并制定更加科学合理的制度，更好地保障价值巨大的物业资产。根据上述内容，应更好地监管物业管理制度，制定更加详细的物业管理制度。当前，物业管理行业采用的制度是市场准入制度，对物业服务行业的资质进行细致的筛查，这样能够对企业的行为进行更加严格地管理，同时也能减少群众的投诉问题。

六　住宅专项维修资金制度

目前，我国城镇住房改革的推广速度越来越快，居民掌握的住房产权比例也呈现出无限增长的趋势，为了保障公共设施的更新，解决如何能够筹资的问题，《国务院关于进一步深化城镇住房制度改革加快住房建设的通知》（国发〔1998〕23号）规定："加强住房售后的维修管理，建立住房共用部位、设备和小区公共设施专项维修资金，并健全业主对专项维修资金管理和使用的监督制度。"

第三节　物业运营维护费用

为了加强物业管理服务的收费行为，为业主和物业服务企业的权益提供保证，建设部会同国家发展和改革委员会制定了《物业服务收费管理办法》（发改价格〔2003〕1864号，以下简称《办法》）。

一　物业服务费

（一）物业服务收费原则

物业服务收费应秉持着科学合理的态度，同服务水平相一致。国家支持物业服务企业进行适当的价格竞争，严厉遏制价格垄断以及谋求巨大利润的方式。

基于长远的发展水平分析，当前，市场经济体制越来越完善，人民的经济收入水平也越来越高，物业服务收费应当结合市场的竞争制度，同物业委托者和物业服务企业两者进行沟通，服务质量同制定的价格应相符合。

（二）物业服务收费的价格管理方式

物业服务收费要根据物业的特性进行划分，分为政府指导价格以及市场的调节价格。实际情况都要相关部门根据自己地区的实际情况制定。

物业服务收费是根据政府的指导制定的，其中包含多种因素，制定出标准以及能够接受的上下波动的范围，并且将最终的结果公示。

具体的收费情况应由业主以及物业的服务企业按照固定的基准价格和浮动标准进行制定。采用市场调节价格的物业服务方式，业主和物业服务企业根据物业服务合同中的约定确定最终价格。

(三) 物业服务收费的计费方式

物业服务收费的计费方式分为两种：一种是包干制，另一种是酬金制。包干制的含义是业主支付物业服务企业的同样的物业服务费用，不论是获利还是损失都由物业服务企业负责的一种物业服务的计算手段。酬金制就是指基于预计收入的物业服务资金，按照之前制定的比例或者约定的具体金额付给物业服务企业，剩下的全部用于物业服务合同约定的支出，如果存在多余或者不足的情况，都由业主负责的物业服务计费的形式。

建设单位要与物业买受人签订相关的协议，并且应该在签订的协议中标注出相关内容，维护双方的利益。

(四) 物业服务收费的费用构成与测算方法

1. 物业服务收费的费用构成

采用物业服务收费包干制，物业服务费用中包含三种情况：一种是物业服务成本，一种是法定税费，一种是物业服务企业的利润。运用物业服务收费酬金制，物业的服务资金中分为两类：一种是物业服务支出，另一种是物业服务企业的酬金。

物业服务成本或物业服务支出构成包含下述内容：(1) 负责服务人员的工资、社会保险等；(2) 物业共同使用的部分、设备维修的花费；(3) 物业管理范围之内的清洁费用；(4) 物业管理范围之内的绿化费用；(5) 物业管理范围之内的区域秩序的维护费用；(6) 办公费用；(7) 物业服务企业固定资产折旧；(8) 物业共同使用部分、公共设施以及相关责任保险费用；(9) 获得业主准许的其他费用。

物业共用部位、共用设施设备维修、更新的花费，可以有专门的维修资金支持，不计算到物业服务支出之中。

采用物业服务收费酬金制的，预计收入的物业服务支出的性质是代管的，缴费的业主都能拥有，物业服务企业不能把这部分资金使用到服务合同约定以外的支出。物业服务企业可以在每年固定的时间将物业服务资金预结算的结果向业主大会或者全体业主公开展示，同时出示物业服务资金的收支状况。业主或者业主大会对于物业公布的资金年度预结算存在质疑时，物业服务企业要对业主提出的问题给予合适的解释。

物业服务收费使用酬金制的方式，物业服务企业可以通过合同中所约定的内容，邀请专业的机构针对物业服务资金的收支情况进行审查。

2. 物业服务收费的测算方法

物业服务成本或物业服务支出的测算可用一个简单的公式来表示：

$$X = \sum X_i (i = 1, 2, \cdots, 9)$$

式中 X——物业服务成本或物业服务支出标准，单位为元/月·m²；

X_i——各分项费用收费标准，单位为元/月·m²；

i——分项项数；

$\sum$——表示对各分项费用算术求和。

（1）管理服务人员的工资、社会保险和按规定提取的福利费——X_1。

该费用主要支出是在物业的服务人员身上。资金来源是企业的收入，企业发放的酬金。

（2）物业共用部位、共用设施设备的日常运行、维护费——X_2。

这个费用主要适用的范围就是公共部分的土建零修费用，保障所有的设备都能够正常运行所花费的费用。这项费用中的内容有很多，也是物业维修费用花费最多的一项。

（3）物业管理区域清洁卫生费——X_3。

清洁卫生费就是物业清理公共部分的垃圾所产生的费用。

（4）物业管理区域绿化管理费——X_4。

绿化管理费用主要是小区之内的维持绿化所花费的费用。

（5）经业主同意的其他费用——X_9。

这一项费用包括物业服务企业基于物业管理的范围之内向业主提供服务所产生的费用。

除此之外，采用包干制度的物业服务费用除了前文所述九种外，还有法定税费、物业服务企业的利润；采用酬金制度的除上述九项之外，物业管理企业的酬金也属于其中。

（1）法定税费。法定税费实施的标准是根据目前采取的税法，物业服务企业在日常的活动之中的正常支出，通常情况下，其中会包括营业税以及附加。营业税中包含很多的内容，但企业的经营收入中不包含相关部门收的水费、电费等维修资金，所以营业税也不收取这部分的资金。但是负责这部分代收项目而产生的手续费，要征收营业税。

（2）利润。物业服务企业是一个自己承担盈损的经济实体，应得到相应的利润。利润率是相关部门根据自己所在地区的经济情况制定的。一般普通小区的物业管理利润普遍低于社会平均利润。

（3）酬金。是根据物业服务合同细致制定的，物业服务收费主要采用的就是酬金的方式，酬金可以在物业服务资金中拿出，同时也可以在预收的物业服务资金中按照比例提出。

物业服务支出全部应用在物业服务合同规定的内容上。物业服务支出如果在最后计算还有剩余的，可以继续在下一年使用，如果物业费用不足一年的支出，业主自己负责。

3. 漏交率问题

受到多种因素的影响，物业管理服务费难以全额收款，其中存在着漏交率的问题。如果将漏交率的资金平均分给所有的业主，这是一种错误的行为，但是这部分资金如果让物业承担，这也是一种不合理的做法。所以，解决上述问题最合适的就是：其一物业服务企业要严格遵循约定上的标准提供等质的物业管理服务；其二要提高物业管理消费理念，及时地缴纳费用。从业主、业主委员会以及物业服务企业三个角度出发，从观念入手，提高物业服务率的收缴率，并且在进行预算的过程中，应提前想好可能出现的问题，制定应急方案。

二 住宅专项维修资金的使用

目前，我国城镇住房制度的改革越来越深化，有一些新型住房制度已经有了简单的样子，居民自有住房的比例越来越高。一些住宅小区中的住房权都表现出多元化的特点，社区内的基础设施是否健全、设施能否正常运行，这些都会直接影响到整栋楼或者整个社区的安全，如果共用部位、共用设施设备损坏需要进行维修的，小的问题需要花费几十元，大的问题则需要花费几千元，这时就需要业主紧急筹资，这是当前最麻烦的事情。1998年《国务院关于进一步深化城镇住房制度改革加快住房建设的通知》（国发〔1998〕23号）中明确指出每一个小区都要有专门的住房维修基金制度，维修基金只可以运用在共用部位，切实保护住宅专项维修的利益，参照《物权法》《物业管理条例》等相关法律法规，2007年12月4日，建设部、财政部联合签署《住宅专项维修资金管理办法》，自2008年2月1日起施行。

（一）住宅专项维修资金的概念、性质和用途

住宅专项维修资金，是主要使用在住宅共用部位、公共设施保修期满后的设备维修花费的资金。住宅共用部分，是根据法律法规和房屋买卖合同指定的，两栋住宅房中间没有使用的部分，但也算到两栋住宅房的共同面积。这部分面积有住宅的基础、承重墙体等，这些范围都会明确地在相关法律要求以及房屋买卖合同上进行细致的标注，一些住宅业主或者非住宅业主共同使用的面积，主要有电梯、天线、照明等。

业主上交的住宅专项维修资金实际上是归业主所有。公有住房售房的款项中明确地提出住宅专项维修资金是属于公有住房售房集团的。

（二）住宅专项维修资金的交存

1. 交存范围

应交存住宅专项维修资金的内容有：住宅，就是一个业主所有，其他的物业不共用的部分，都是属于住宅的范围之内；住宅小区以内的非住宅或者是住宅小区以外的住宅都属于非住宅的范围。只要是上述概括的范围，售卖公有住房，售房单位要严格遵循《住宅专项维修资金管理办法》的规定，交存住宅专项维修资金。

2. 交存标准

商品住宅的业主、非住宅的业主基于已经得到的物业建筑面积提交住宅专项维修资金。直辖市、市、县人民政府建设（房地产）主管部门结合本地区的实际情况，制定并公示每平方米建筑面积的专项维修资金，并且要随着变化做整顿。销售的公有住房交存住宅维修资金所参考的准则是：业主参照自己房屋建筑面积，并按照比例交付住宅专项维修资金，一平方米建筑面积交存首期住宅专项维修资金的金额是土地房改成本价格的2%；售房机构参照多层住宅高于售房款的

20%、高层住宅高于售房款的 30%，在售房款中一次全部提出住宅专项维修资金。

以下的资金都要转到住宅专项维修资金中储存使用：住宅共有设施设备不能使用，出售所得；采用住宅共用部分经营所得，业主得到的利益，排除业主大会制定的内容外。

（三）住宅专项维修资金的管理

在业主大会正式成立之前，所有上交的住宅专项维修资金都要上交物业所在地直辖市、市、县人民政府建设（房地产）主管部门，由他们负责管理。直辖市、市、县人民政府建设（房地产）主管部门可以选择一个行政区域之内的专门负责管理住宅专项维修资金的管理银行，并且要在指定的银行之中成立一个专门负责住宅专项维修资金的银行账户。有一个专门的维修资金户，设账参照物业管理区域，分户账参照各个房屋的门号；没有明确制定出物业管理范围的，将栋作为参考，以房屋门户号设定分户账。

业主大会正式成立之后，业主委员会要告知当地的直辖市、市、县人民政府建设（房地产）主管部门，直辖市、市、县人民政府建设（房地产）主管部门或者负责管理公有住房住宅专项维修资金的部门，应在知道消息之后的 30 天内，通知专户的管理银行，将物业管理范围之内业主上交的资金转到业主大会成立的专门的账户里，并且也要把其中的明细交到业主委员会的手里。业主大会在当地寻找到一家作为物业管理范围内住宅专项维修资金的银行账户，同时开一个专门管理住宅专项维修资金的账户。开设住宅专项维修资金账户，以物业管理区域作为单位设账，同时以房屋户门号作为分户账的标准。业主大会应有一个专门应用在维修资金的账户，账户中的信息都是公开的，受所有部门、所有人的监督。

住宅专项维修资金转移到专门的账目管理单位，这项工作的主要负责人是业主大会。业主大会要制定健全的住宅专项维修资金管理制度。业主分户账面住宅专项维修资金低于首期交存额的 30% 时，要在第一时间补上。业主大会正式成立以后，续交的方案都要在业主大会内部商量。没有成立业主大会的，这项工作交到直辖市、市、县人民政府建设（房地产）主管部门会同同级财政部门的手中。

（四）住宅专项维修资金的使用

住宅专项维修资金主要利用在专门的住宅共用部位或者是公共设施的维修上，其他任何问题不可以使用这笔资金。住宅共有部位、公共设施的保障维修，参照下述标准划分：商品住宅之间或者住宅与非住宅之间的共同使用部分的设施的维修等费用，业主要参照自家的面积所占比例进行划分；售后公有住房之间的公用部位、公共设施的维修等问题，销售单位要基于住宅专项维修资金所占的比例平分。在这部分资金中，业主需要负责的部分要参照自己的房屋的总面积计算。售后公有住房与商业住宅或者非住宅中共用面积、公共设施维修，都要参照自家的房屋的面积，把要上交的资金交到物业的手中。如果有售后公有住房需要分摊的资金，应要求与之相关联的业主和公有住房售房单位参考住宅专项维修资金的比例划分。住宅共有部位、共用设施设备得到维修改造，以及当前还没有卖出去的住宅或者公有住宅，开发建设单位或公有住房单位都要参考没有卖出的商品住宅的建筑面积，共同分摊维修、改造费用。

以下资金不可以从专项维修资金中提出：

（1）依据法律上的明文要求，建设单位应承担住宅公用部分设施的维修费用；

（2）根据法律上制定的相关内容，一部分的单位要承担供水、供热问题的维修，以及维修所花费的资金；

（3）如果公共部位、公共设施的损害是人为造成的，那么这个损坏人要负责所有的维修费用；

（4）可以参考物业服务合同中的要求，物业服务企业要承担所有的住宅公用部位、公共设施的维修费用。

为了确保住宅专项维修资金可以正常运行，根据国家的要求进行，把住宅专项的维修资金全部投入国债之中。运用住宅专项维修资金买国债，国债的购买要在银行债券市场或者是银行的柜台上，必须购买一级市场发售的国债，同时要一直掌握在手中，直到期限结束。若将业主上交的住宅专项维修资金买国债，需同业主大会商量，得到允许的情况之下才能买；没有正式成立业主大会的，要与所有业主共同商议，最终支持人数超过总人数的三分之二才可以购买。

第七章

房地产税收制度与政策

第一节 税收制度概述

一 税收的概念及特征

国家参与社会剩余产品分配的主要手段就是税收，税收是根据政治权力，严格按照法律的要求，国家无偿得到收入的形式。税收本来就有强制性、无偿性、固定性等特点。

（1）强制性。根据我国的相关法律法规，国家以社会管理者的身份，对所有人都征收税款，税款人必须纳税，不得拒绝。

（2）无偿性。国家获得税收，不需要偿还到具体纳税人的手中，同时也不需要向其支付任何的报酬。居民税收要求居民必须履行。税收的一个突出的特点就是无偿性。

（3）固定性，也叫作确定性。国家税收要严格按照法律的要求，先确定纳税人、课税对象以及额度。这就是税收同其他财政收入的不同之处，也是税收的突出特点。

二 税收制度及构成要素

税收制度简称税制，是国家各项税收法律、相关法规的整合，并且是国家处理税收分配关系重要的因素。税收法律、法规以及规章都是税收制度不可缺少的重要内容。

税收制度包含的因素有很多，例如纳税义务人（以下简称纳税人）、课税对象、计税依据、违章处理等内容。

（一）纳税人（课税主体）

纳税人是国家制定课税权时确定的范围，在税法中明确指出了哪些单位或个人需要纳税。国家在运用课税权时对于主要的单位，特别是实行课税过程中的单位和个人，税法会将需要纳税的单位和个人准确地列出。

纳税人和负税人是两种不同的概念，纳税人是必须要向国家上交税款的单位或个人，负税是负责税款的单位或者个人。

（二）课税对象（课税客体）

课税对象的另一个称号叫作征税对象，税法中明确指出课税的目的以及课税的范围。

课税对象决定税收的课税范围，同时也是影响征税还是不征税的必要因素，同时也能够划分出每种税种的不同之处。基于课税对象性质的差异，可以将税种分为五种，分别是：流转税、收益税、财产税、资源税和行为目的税。

（三）计税依据

计税依据也叫作"课税依据""课税基数"，它是在计算应纳税金额时的重要参考因素。计税依据的划分主要参考计量单位，可能出现两种方式，分别是从价计征和从量计征。基于目前的市场经济环境，排除特殊性质的税种，其余绝大部分税种使用的方式都是从价计征。

（四）税率或税额标准

税率就是要纳税参照的比例，是课税兑现要上交的税收的比例。税率以及税额标准也能够看出征税的深度。如果课税对象和税目一直保持不变，那么课税额和税率呈正相关。税收制度以及政策的中间内容是税率，阻碍国家财政收入。根据税率和税基的关系展开讨论，税率主要有三种，分别是比例税率、累进税率和定额税率。

（五）附加、加成和减免

纳税人的纳税负担受到税率的影响，税率高，纳税人的负担相应提高，纳税负担可以通过减免等方式对其进行调整。

第一，附加和加成是加重纳税人负担的措施。

地方附加也可以称为附加，地方政府不仅要征收税款，有些时候也会增加其他的税款。正常情况下，国家税法明文规定的征收的税款叫作正税，除此之外的税款称作副税。

加成征收也叫作加成。一般是针对特定的纳税人采用的加成正税，如果加一成，算作正税的10%，按照这样的比例增加。

加成与附加是两种性质，加成主要使用的范围是一部分人，而附加则是所有人都要加征。加成更多地使用在收益税里，可以对一部分纳税人的收入进行适当调整，但是附加没有明确的规定。

第二，减税、免税，以及规定起征点和免征额是减轻纳税人负担的措施。

减税是减少税款，免税就是不需要上交税款。减免税应基于国家当前实行的政策，根据一定的生产经营活动或者纳税人制定一系列优惠的制度。

税收是一项十分严肃的工作，税收工作中（针对附加、加成以及减免税的相关内容）税收法律的约束力更强，税收法律也能够适合社会环境，适当地进行调整，以便于将税收的作用充分发挥。

（六）违章处理

违章处理是纳税人没有遵循税收法律的行为，对其进行处置。纳税人不遵循税收法律的行为有偷税、漏税、抗税等。偷税就是纳税人主观地利用非法手段拒绝交税或者少交税的情况。漏税和欠税属一般违章行为，不构成犯罪。抗税则是指拒绝执行国家制定的税收法律，拒不上缴税款的行为。

根据纳税人的违章行为判定对其的惩罚，视实际情况制定，可以采用以下几种方式解决：批评教育、罚款、追究刑事责任等。

三 税收的征管

加大对税收征收的管理力度，重视对税收征收行为的监管，确保国家税收收入，保障所有纳税人的正当权益，为经济社会的发展提供保障，国家专门针对税收制定法律。其中包含以下几点。

（1）税收的开征等行为都要依据法律的规定；国务院基于法律所授予的权利指定的，根据国务院规定的行政法律法规践行。任何单位、机关应遵守法律要求，不能私自决定税收开征、停征、减税等决定，同时也不能同行政法规相对抗。

（2）法律、行政法规中明确规定的纳税人以及扣缴义务人要严格遵循法律、行政法规中的要求。

（3）税务机关要加大对税收法律的宣传力度，积极宣传税法知识，不计回报地向咨询人提供服务，满足咨询人的需求；纳税人、扣缴义务人可以向有关机关寻求帮助，掌握更多有关税收法律、行政法规的规定，同时可以了解当前的税收制度；等等。

（4）纳税人、扣缴义务人可以提出保密的要求。如果提出保密要求，那么税务机关应对纳税人的所有信息情况进行保密。

（5）纳税人可以在法律允许的情况之内提出减税、免税的要求。纳税人、扣缴义务人针对纳税机关制定的要求，有陈述权、申辩权；可以在法律允许的范围之内提出行政复议，要求国家赔偿……并且还可以在掌握证据的情况下举报税务机关的人员。

四　现行房地产税收

目前，在我国影响范围最大的房地产税的种类有五种，分别是房产税、城镇土地使用税、耕地占用税、土地增值税、契税。其余同房地产存在关系的税收有固定资产投资方向调节税等。

第二节　房产税

一　纳税人

在我国的境内，所有有自己的房屋产权的人或者单位，都要缴纳房产税，同时他们也有房产税纳税人这个身份。

二　课税对象

房产就是房产税的课税对象。《房产税暂行条例》中明确指出，房产税征收的范围有城市、县城、建制镇以及工矿区。

三　计税依据

针对不向外出租的房产，在房产原来价值的基础上减少十分之一到十分之三的余值，将其作为计税参考。具体减除幅度交给省、自治区以及直辖市的人民政府进行制定。

针对向外出租的房产，房产收租情况作为计税的依据。租金收入是房屋所有权人将房屋出租所得资金，其中包含两种：一种是货币收入，一种是实物收入。针对将劳务或者其他形式作为房屋出租的报酬的，可以结合房屋所在地区的租金情况，制定一个符合当地情况，并且具有代表性的参考标准。

四　税率

房地产收税过程中参考的比例。根据房产余值进行计算，税率是1.2%；根据房产的租金计算，税率是12%。

五　纳税地点和纳税期限

房产税的缴纳在房产所在地区。房产在多个地区的纳税人，要向不同地区的税务机关纳税。房产税是以年为单位计算时间，分期进行缴纳。每个地区的缴纳时间都不同，根据各个省市的不同情况制定。

六　减税、免税

下述房产不征收房产税。

第一，国家机关的房产、人民团体的房产以及军队自用的房产。隶属于上述单位的房产出租，或者是经营类的建筑，应征收房产税。

第二，国家财政部门明文划分出的事业单位使用的房产。

第三，宗教寺庙、公园、名胜古迹所占据的土地不征收税款。如果是在其周围的房产，要征收相应的税款。

第四，个人所有非营业用的房产。

房地产开发企业的商品房在售卖之前，对于房地产企业来说，也是产品的一种，因此，对房地产开发企业建造的商品房，在出售之前不会征收房产税，但这些商品房一旦使用或者售卖，就要按照使用或者售卖的商品房上缴一定数额的房产税。

第五,经财政部批准免税的其他房产。包括:

(1)损坏得比较严重,同时可能存在危险的房屋,向相关部门上交申请,得到批准之后不收取房产税;

(2)企业停产或者不使用的房子,得到省、自治区以及直辖市税务机关的批准之后,不收房产税;如果这些房产进行转移或者重新使用,那么这些房产就要开始征收房产税;

(3)房产大规模地整修,并且已经超过半年时间没有使用的,获得纳税人的同意,再上交税务机关进行核实,维修的过程中不收取房产税。

七 具备房屋功能的地下建筑的房产税政策

第一,不包含在征收房产税的范围之内的,同时还有居住功能的地下建筑,包含同地上建筑相联系的地下建筑,或者都在地下的建筑,都要按照税收法中的相关规定,缴纳一定份额的房产税。

以上提出的有房屋功能的地下建筑,就是具备维护结构以及房屋内部的结构,可以保障人们的正常生产、生活、工作的地方。

第二,将地下建筑出租的,要参照上述规定,收取一定的房产税,该规定是在 2006 年 1 月 1 日正式实行的,《财政部税务总局关于房产税若干具体问题的解释和暂行规定》同时不具有任何的效力。

第三节 城镇土地使用税

城镇土地使用税是专门对于城镇土地制定的税款,城镇中所有掌握土地使用权的单位或者个人所要负责的税款。

一 纳税人

城镇土地使用税的纳税人是拥有着土地使用权的单位或者个人。获得土地使用权的纳税人如果房屋没有在他所生活的地区,那么代管人就要承担税款;土地使用权还有待商定的,实际的负责人就要承担这些税款;土地使用权共有的,按照双方划分的比例缴纳相应的税款。

二　课税对象

城镇土地使用税在城市、县城、建制镇和工矿区征收。课税对象的主要范围就是以上所述范围之内的土地。

三　计税依据

城镇土地使用税的计税依据参照的是纳税人占据的总土地面积。纳税人计算土地使用税所依据的占地面积，是在相关政府规定的单位计算出的总面积之和。

四　使用税额和应纳税额的计算

城镇土地使用税是采用分类分级的幅度定额税率。每平方米的年幅度税额按城市大小分4个档次：（1）大城市1.5—30元；（2）中等城市1.2—24元；（3）小城市0.9—18元；（4）县城、建制镇、工矿区0.6—12元。

城市、县城、建制镇和工矿区各个地区的发展速度都是不同的，各地区的情况都是难以预测的。因此，国家制定相关法律，各省、自治区、直辖市人民政府直接决定城市、县城、建制镇和工矿区的具体使用税额幅度。

一些地区的经济发展速度较慢，所以要制定较低的税率，如果是经济发展较快的地区，可以制定高一些的税率，降低税额的底线是最低税额的30%；一些经济发展速度快的地区有不同的缴纳标准。

五　纳税地点和纳税期限

征收城镇土地使用税的部门是税务机关。土地管理机关应上交土地所在地区的税务机关制定的土地使用资料。纳税人使用的土地如果没在这个地区的管辖范围之内，那么就要将税款上交土地所在的地区；如果是在一个省份的管辖内，但纳税人使用的土地与所在的市是不同的，那么纳税情况还要做进一步的商定。

城镇土地使用税会按照年的方式统计，有很多种期限的选择。每个地区根据自己的情况缴纳税款。

六 减税、免税

（一）政策性免税

对下列土地免征城镇土地使用税：

（1）国家机关所占土地、人民团体所占土地以及国家军队所占土地；

（2）国家财政部门专门划分给事业单位的用地；

（3）宗教寺庙、公园等所占据的土地；

（4）市政街道、广场等一些公共场所所占据的土地；

（5）使用在农、林、牧、渔业的生产用地；

（6）在得到国家的准许之后重新建设的土地；

（7）财政部门划分的能源、交通等建设用地。

如果纳税人缴纳税款十分困难，并且是真实情况，可以适当地减免税款，省、自治区、直辖市税务机关经过审查，最终上报国家税务局，获得准许。

（二）由地方确定的免税

下列几项用地是否免税，由省、自治区、直辖市税务机关确定。

（1）个人所在的居住房屋占地以及院落的占地。

（2）房产管理部门在房租改革之前的居民住房的占地。

（3）免税的范围——职工家属所在的宿舍的占地面积。

（4）民政部门会专门划分出福利工厂用地，专门服务于残疾人。

（5）集体和个人举办的学校、医院等建设用地。

第四节 耕地占用税

耕地占用税主要征收的对象是占用耕地的建房，或者进行其他非农业建设的单位或个人。

一 纳税人

所有的占用耕地面积建房或者是采取一些非农业建筑的单位都是

耕地占用税的纳税人。农民家庭占用耕地建房的，除非家中有未成年人和没有劳动力的老人，剩下的都在纳税人的范围之内。

二　课税对象

耕地占用税的主要征税对象就是占用耕地进行非农业建设的行为。

三　计税依据

耕地占用税是根据纳税人所占据的耕地总面积作为纳税的参考，依据制定的收税比例，一次全部征收。耕地占用税的重要依据是据实征收原则，如果实际所占的面积高于批准总面积，或者在没有得到准许的情况下私自占用耕地的，在相关部门审核之后，财政部门根据实际所占面积，制定不同的耕地占用税率，同时土地管理部门对这一行为进行处置。

四　税率和适用税额

耕地占用税实行定额税率，具体分 4 个档次：（1）以县为单位（下同），人均耕地在 1 亩以下（含 1 亩）的地区，10—50 元/m^2；（2）人均耕地在 1—2 亩（含 2 亩）的地区，8—40 元/m^2；（3）人均耕地在 2—3 亩（含 3 亩）的地区，6—30 元/m^2；（4）人均耕地在 3 亩以上的地区，5—25 元/m^2。每个地区制定的税额都是要符合各个地区的经济发展水平，并且结合当地的实际情况做进一步的细致核定。

五　加成征税

通过相关规定，加成征税策略包括下述两方面内容。

第一，在一些经济特区、经济发达或者人均耕地少的地区，在适当的范围之内提高使用税额，但提高的幅度应控制在规定税额的 50%。

第二，单位或者个人在获得审批之后占用耕地面积，但是在两年之内都没有使用的情况，增加税款额度。

六　减税、免税

（一）减税范围

（1）农村居民占用耕地建房屋，依据规定，税额征收范围是二分之一。

（2）农村革命烈士家属、革命残疾军人或者是生活困难的农户，在规定划分的范围之内，构建房屋存在难题，纳税人上交申请，他所在的地区的人民政府对其进行审核，审核通过之后再交到县级人民政府，得到批准之后可以适当地减免税款，减免税款的额度把控在农村居民新建住宅用地征税总额的十分之一，如果当地的困难户较多，那么减免的比例可以控制在15%。

（3）民政部门设定的福利工厂，可以大大减少残疾人的工作难题，可以根据残疾人在工厂总工人中所占的比例，适当减少相应的税款。

（4）国家在"老、少、边、穷"地区采用以工代赈的形式修建公路，省、自治区财政厅（局）做进一步的审查，在提交的意见上报到财政部门并且得到准许的情况下，适当地减少税率。

（5）对定居台胞新建设起来的耕地，占用耕地的人是农业户口的，征税的额度会参照农民建房的总额缩减一般征收税额。

（6）不是农业生产服务的农田水利设施的一部分，但是却包含在综合性枢纽工程之中，可以参照农业服务获得的效益在工程总效益中的比重，制定最终的税收额度。

（二）免税范围

（1）专门针对部队的军事设施用地；

（2）沿着铁路的土地、飞机的跑道等；

（3）存放炸药的地方；

（4）学校、幼儿园、医院等地方。

以上指出的免征税的用地，如果这些地方改变土地使用方式，就要继续征收税款。

七　纳税环节和纳税期限

耕地占用税的纳税问题，出现在各级人民政府按照法律将土地分给单位和个人之后，土地管理部门在正式发放征用土地通知书之前，土地管理部门把有些文件交付到地区的税务征收部门，税务征收部门再将信息传递给纳税人，纳税人要在特定的时间范围之内办理减免手续，土地管理部门根据凭证制定文件。如果用地的范围或者个人超过了约定的时间纳税，土地管理部门可以将土地使用权回收。

耕地占用税中明确规定纳税时间是 30 天，要求纳税人在获得准批以后的 30 天内，上缴耕地占用税。

第五节　土地增值税

土地增值税的征税对象是有偿转让国有土地使用权和地上建筑物以及其他与之相关联的建筑物的单位和个人。

一　纳税人

有偿转让的国有土地的使用权、地上建筑物等与之存在联系的建筑物（下面都称作转让房地产），并且有稳定收入的单位或者个人，都是土地增值税的纳税人。

二　征税范围

土地增值税的征收范围是国有土地、地上建筑等一些与之有关系的建筑物。转让房地产就是把国有土地的使用权、地上建筑物等进行转移的行为。如果是继承的方式转移房产，这个行为是不征收土地增值税的。

三　课税对象和计税依据

土地增值税的课税对象是将自己房子转卖，转卖之后的所得。

土地增值税征收的金额是根据房产转移之后的所得决定的，房产人将自己的房屋转移所得资金，减去其他项目的金额之后的总额。纳税人把房地产转移之后，除去与之相关联的项目的总额。

四 税率和应纳税额的计算

土地增值税实行四级超额累进税率：

（1）增值额未超过扣除项目金额50%的部分，税率为30%；

（2）增值额超过扣除项目金额50%，未超过100%的部分，税率为40%；

（3）增值额超过扣除项目金额100%，未超过200%的部分，税率为50%；

（4）增值额超过扣除项目金额200%以上部分，税率为60%。

每级"增值额未超过扣除项目金额"的比例均包括本比例数。

五 扣除项目

土地增值税的扣除项目为：

（1）在得到土地使用权时，支付的总额；

（2）土地开发所花费的资金、投入的金钱；

（3）构建房屋以及与其相关的配套设施的支出；

（4）在转让房地产过程中的所有资金；

（5）财政部门制定的需要扣除的项目；

六 减税、免税

下列情况免征土地增值税：

（1）纳税人将自己的普通性质的住房向外出售，土地增值额比扣除金额的20%要低；

（2）因在国家建设的范围之内，被国家建设征用的房地产。

普通标准是修建在一些可以正常使用的、依照民用住宅修建的房屋。怎样区分出什么样的房子是普通住宅房，这要参照相关人民政府的要求。纳税人修建普通标准的住宅房，同时将房屋出售，增值额比扣除金额的20%低的情况，不会收取土地增值税；相反就会收取土地增值税。

如果符合上述的免征税的条件，那么就要对当地的税务机关提出申请，税务机关核实情况，证实后批准。

七　其他有关规定

为了能够使税收政策涵盖的范围更广，并且对房地产行业起到一定的指导作用，先根据土地增值税的增收制定如下要求。

（1）1994年1月1日之前签订的房地产转让合同，这部分房地产的转移免收取土地增值税。

（2）1994年1月1日之前签订了开发合同，同时也已经将资金放进去，如果房产的首次转移是在1994年1月1日之后五年之内，这种情况不会收取土地增值税。合同日期的签订要严格遵循有偿受让土地合同的签订日期。

《财政部　国家税务总局关于调整房地产交易环节税收政策的通知》（财税〔2008〕137号）规定，从2008年11月1日起，个人出售的房屋不再征收土地增值税。

八　《财政部、国家税务总局关于土地增值税一些具体问题规定的通知》有关规定

（一）关于纳税人建造普通标准住宅出售和居民个人转让普通住宅的征免税问题

"普通住宅"中提出，每个地区都要严格按照《国务院办公厅转发建设部等部门关于做好稳定住房价格工作意见的通知》的要求，详细地制定"中小套型、中低价位普通住房"的相关明细。如果纳税人拥有普通住宅，同时还有商品房，这种情况下要使用特殊的土地增值额。

（二）关于转让旧房准予扣除项目的计算问题

纳税人将过去的房屋或者建筑物转让的，所有不能估计出价格的，如果能够提供购房发票，那么可以根据上面所写的金额来确定土地使用权支付的金额，也可以将其当作新建房和与其相对应的费用，计算购买年到转让年之间的时间，按照每年增加5%的方式扣除其中的资金。纳税人购房时就已经纳契税，这种情况下就要提供纳契税的证据，确认这部分资金是"与转让房地产有关的税金"，将其扣除，并且这些都不加入5%的总额以内。如果转让的房屋和建筑物，没有预估的价格，也无法提供发票，这种情况下，地方的税务机关可以根据《中华人民共和国税收征收管理法》第35条的规定，进行征收。

（三）关于土地增值税的预征和清算问题

为了使土地增值税预征的方式越来越健全，各个地区结合所在地区的房地产业增值情况以及市场的发展变化，将房屋分为多种类型，制定更加科学的预征率，并且根据实际情况进行整改。工程项目结束结算之后，要在第一时间清算，少的情况下要填补上。如果没有在预征的规定时间之内缴纳税款，要按照《税收征收管理法》及其实施细则的有关规定，从限定的缴纳税款期限届满的次日起，加收滞纳金、还有一部分是目前竣工验收的房地产，如果转让的房产的面积超过总房产面积的85%，那么就要缴付一定的土地增值税。各个地区使用的土地增值税制度都不同，要根据各个地区的实际情况确定。

第六节 契税

契税就是在土地、房屋权属问题发生变化的过程中，产权承受人要缴纳的一种税款。

一 纳税人

《契税暂行条例》中明确指出，中华人民共和国境内转移土地等行为，都要缴纳一定的契税，是契税的纳税范围之内的，严格按照国家的相关规定进行缴纳。

二 课税对象

契税的征税对象是发生产权转移变动的土地、房屋。

三 计税依据

契税的计税：国有土地使用权出让、土地使用权出售、房屋买卖，为成交价格；土地使用权赠予、房屋赠予，由征收机关参照土地使用权出售、房屋买卖的市场价格核定；土地使用权交换、房屋交换，为所交换的土地使用权、房屋的价格的差额。为了使房屋产权交易双方的合法权益得到保障，彰显出权益的公平性，不出现隐瞒价格等逃税的行为，收证机关认为可以在特定的时期，让房地产估价机构对房屋做评估，将评估的最终结果作为计税的重要参考。

四 税率

契税的税率为3%—5%，各个地区制定的税率都根据所在地区的经济发展情况，基于国家规定的范围之内制定，同时将结果上报至财务部和国家税务总局。

五 纳税环节和纳税期限

契税一般是在纳税义务进行一大半的时候需要缴纳的税，它主要是办理房屋产权证明之前的工作。遵循《契税暂行条例》，承受人要在转移合同签订之日开始计算，10天之内要上报纳税申报手续，并且根据规定时间缴纳税款。

六 减税、免税

存在下列行为的，可以减征或者免征契税：

（1）国家机关、事业单位、社会团体等一些国家的行为的，不需要征收契税；

（2）在城镇里打工，第一次购买房子的，不征收契税；

（3）因为不可抗力导致房屋受损并重新购买房屋的，不征收契税；

（4）房屋所有人的房屋被县级以上的人民政府征用，后期购买新的房屋的，由相关部门商定，采用哪种方式处理契税；

（5）纳税人承受荒山、荒沟等土地使用权，土地主要适用于农、林业等生产的，这种情况下不征收契税；

（6）严格遵循目前我国实行的有关法律，积极参加到多边或双边的会议，外国在中国的大使馆等都不征收契税。

从 2008 年 11 月 1 日起，居民首次购买房屋面积低于 90 平方米住宅的，契税都下调至 1%。

七 有关具体规定

第一，《继承法》中明确规定的法律继承人，配偶、子女、父母等继承土地的，这些人不需要缴纳契税。非法定继承人就是依据遗嘱分配死者生前的土地、房屋权属，如果是根据遗嘱分给非法定继承人，就是属于赠予行为，这样的行为是要征收契税的。

第二，如果企业对自身进行改造重组，那么在这个过程之中，隶属于投资主体内部的企业之间的房屋的权属问题是不可以改变的，不用缴纳契税。自然人和独资企业、一人有限责任公司之间的土地都是属于相同的投资主体内部投资，房屋权属进行无偿转移，可以参考上述的内容，不缴纳契税。

第七节　相关税收

一　城市维护建设税、教育费附加和地方教育费附加

营业税、城市维护建设税和教育费附加俗称"两税一费"。

第一，营业税的征收对象是一些转让无形资产、售卖不动产的单位，他们要缴纳的税款。销售不动产的营业税税率是 5%，权利在国务院手中。营业额必须以人民币的方式统计。如果不使用人民币计算出营业额的，要将这部分转为人民币的形式。纳税人将自己的不动产出租，要得到相关不动产的税务机关的允许。纳税人在售卖不动产时，如果价格较低并且也没有提供准确的理由的情况，主管税务部门对其营业额重新审查。

第二，城市维护建设税（以下简称城建税）主要用于城市维护建设，是一种具有针对性的税款。

城建税纳税人的范围很广，其中包含了缴纳增值税、消费税、营业税的单位和个人。当前一部分的外企不征收城建税。

城建税主要适用于我国的各大小城市。任何缴纳增值税、消费税的地方都有城建税。

城建税采用的税率方式是地区差别税率，根据纳税人所在地区，税率分为三个等级，分别是7%、5%、1%。

所有的纳税人排除明确规定的，他们缴纳的城建税的税率，都要按照所在地区的税率，每个地区只可以采用一个税率等级，企业隶属关系、企业规模等都不影响执行的税率，严格遵循标准。还有一些特殊情况不需要执行纳税人所在地的税率。

第三，教育费附加是随增值税、消费税和营业税附征主要投入教育之中的税款，并专门用于教育的一种特别目的税。教育费附加参照的标准是各单位和个人实际缴纳的增值税、营业税、消费税的税额，教育费附加率为3%。

二 企业所得税

（一）纳税人

中华人民共和国境内，企业以及其他收入的组织（下文称其为企业）都是企业所得税的纳税人。

个人独资企业、合伙企业不遵循《中华人民共和国企业所得税法》。

企业的性质主要有如下两种，其一是居民企业，其二是非居民企业。居民企业就是严格按照相关法律在我国的境内成立的，或者是根据国外的相关法律，但是总部却设置在中国的企业。中国企业的范围中多数都是我国的企业，将境外的所得缴纳企业所得税。非居民企业就是参照国外的法律成立，并且实际机构也没有在中国的企业。非居民企业就是总部在中国，并且它所赚的资金都是通过中国，并且在中国境外和所设置的机构所得的资金，共同缴纳企业所得税。非居民企业在中国境内没有设置机构或者场所的，或者设置了机构、场所但是却没有任何联系的情况，那么缴纳企业所得税的部分就是通过中国境内得到的部分。

（二）税率

企业所得税要征收的税率是25%。如果是非居民企业，要在我国的境内设置机构、场所的，它向其中投入的资金与所设的场所、机构没有太大关系的，就要按照它在中国境内所得缴纳企业所得税，税率是20%。

（三）应纳税所得额

企业纳税时间的收入总和，排除不征收的部分等，余额便是缴纳税款的总额。

企业获得收入的方式有两种，一种是货币形式，另一种是非货币形式，将其结合的收入就是收入的总额，其中包含下述因素：

(1) 售卖货物之后的收入；

(2) 劳动之后所得到的收入；

(3) 财产转移之后所得到的收入；

(4) 通过股息等得到的具有权益性质的收益；

(5) 通过利息得到的相关收入；等等。

企业的一些支出，例如成本费用等，都要包含在应纳税的金额之中，同时还要将这部分税款扣掉。

（四）应纳税额

企业应纳税额与税率之间的乘积，排除法律中提出的税收优惠制度，余下的金额便是要缴纳的税额。

三　个人所得税

（一）纳税人

个人所得税的纳税人，主要是针对在中国境内有住房，并且居住的时间高于一年，或者是在中国境内有所得的个人。如果在中国境内没有稳定的住所，并且居住的时间不足一年，但是在中国得到了相应的报酬，这种情况也要支付个人所得税。

（二）税目

下列各项个人所得，应纳个人所得税。

(1) 个体工作所获得的酬金；

(2) 个体经商户通过自己的经营得到的资金；

(3) 针对企事业单位承包之后，通过经营所得；

(4) 经过劳动得到的酬金；
(5) 通过创作所得的酬金；等等。

（三）与房地产相关的个人所得税税率

将房产出租或者是将房产转让，实行的税率是20%。

（四）与转让住房有关的征收个人所得税具体规定

《中华人民共和国个人所得税法》中规定，个人把自己的房屋转让，要把转让的收入排除财产原本的价值以及其余的有关费用之后，缴纳个人所得税，可以参照"财产转让所得"中的相关规定。在后面阶段，根据当时我国的经济发展状态，参照《财政部　国家税务总局　建设部关于个人出售住房所得征收个人所得税有关问题的通知》（财税字〔1999〕278号）中的有关规定，计算出最终的个人所得税。当前，征收个人转让房屋中的个人所得税，各个地区要进一步确定，将其中的问题进行核对。为了健全相关制度，提高征管，国家税务总局2006年7月18日根据相关问题制定以下通知。

第一，在针对住房转让所得征收个人所得税的情况，将实际成交的价格作为转让的收入。纳税人上报的住房成交价格低于市场的价格时，并且也没有出具正确的理由，征收机关可以按照法律核实相关信息，确定转让收入，但是这个过程中应确保所有的税种计税的价格是相同的。

第二，把转让住房的收入也要算到个人所得税的总额度中，纳税人提供自己的购房的合同，相关机关对合同做进一步的审核，审核之后可以把房屋原来的价值排除，减少要缴纳的税款。

(1) 房屋原值具体为：在购买当前这个房子支付的所有的税款，以及当时所支付的所有的税费。

自建住房为实际发生的建造费用及建造和取得产权时实际缴纳的相关税款。经济适用房（含集资合作建房、安居工程住房）是之前的购房人上缴的房款和税费，要严格遵循有关规定，支付一定的土地出让金。已经购买公有住房，要参照公有住房标准面积的经济适用房的价格，细致计算出最终的价格，并且如果超过规定的面积的部分，也要按照相关规定向财政部门缴纳超出部分的税款。

经济适用房价格是遵循县级（含县级）以上地方人民政府提出的

相关要求。城镇拆迁安置住房：根据《城市房屋拆迁管理条例》和《建设部关于印发〈城市房屋拆迁估价指导意见〉的通知》(建住房〔2003〕234号）等有关规定，它的原值有：房屋拆迁取得货币补偿后购置房屋的，为购置该房屋实际支付的房价款及相关税费；房屋产前实行产权调换的形式，调换的房产原来的价值是《房屋拆迁补偿安置协议》中明确支出的有关的费用，除去一些补偿之后的金额；房屋在产前会使用产权调换的方式，被拆迁人在获得了调换的房屋之后，要支付相应的金额，调换的房屋原来的价值就是《房屋拆迁补偿安置协议》中指出的价值，还要附加上一些税款的明细。

（2）转让住房过程中缴纳的税金是指：纳税人把自己的房屋转让过程中所要上缴的相关税款。

（3）合理费用是指：纳税人遵循有关的规定，支付与其有关的费用。

支付的住房装修费用。纳税人把自己的装修所花费的费用的税务发票进行展示，要保证发票上的付款人同转让房屋的产权人是一个人，确保这个信息准确之后，提交到税务机关做审阅，转让住房之前的所有的装修费用，都要在下述内容中进行扣除：当前已经买卖的公有住房以及经济适用房：扣除的最多的额度是房屋原本价值的15%；商品房和一些其他的住房：扣除的最高额度就是房子最初价值的十分之一。纳税人过去买的房子都是装修房，并且在合同中明确标注出装修的费用，这个费用不会被重复地扣除。

第三，纳税人要把更加细致的、准确的房屋原值证据充分展示，如果没有遵循房屋原值进行计算的，税务机关要遵循《中华人民共和国税收征收管理法》第35条的规定，将信息准确地列出，这就是纳税人遵循住房转让收入的比例上缴个人所得税。实际上推行的比例是遵循省级地方税务局或者省级地方税务局授权的市级地方税务局根据纳税人出售住房的所处区域等因素，制定最后的住房转让收入。

第四，各级税务机关应严格遵循《国家税务总局关于进一步加强房地产税收管理的通知》（国税发〔2005〕82号）和《国家税务总局关于实施房地产税收一体化管理若干具体问题的通知》（国税发〔2005〕156号）的规定。为了使出售住房的个人按照法律执行纳税的责任，提高对税收的监管，主管税务机关应在房地产交易的场所专门设定税收征收的窗口，个人转让住房所要上交的个人所得税，同转让环节要上交的营业税、契税等税收共同解决；地方税务机关目前还没有在房地产交易场所设置，可以让征收部门共同征收个人所得税等税收。

第五，各级税务机关应加快落实的速度，主要针对个人所得税。基于《财政部　国家税务总局　建设部关于个人出售住房所得征收个人所得税有关问题的通知》（财税字〔1999〕278号）的约定，对出售自有住房并拟在现住房出售1年内按市场价重新购房的人，要缴纳个人所得税。首先要采用缴纳保证金的方式缴纳，再重新构建购买房屋同原来房屋销售额之间的关系，将保证金退还；个人转让使用超过5年的，同时是家庭仅有的生活用房所有的，可以不征收个人所得税。确保上述政策可以顺利运行。

四　印花税

印花税征收主要征收的行为是商事活动、产权转移等，是专门针对这些活动征收的税款的一种。

（一）印花税的征收范围是经济活动中适用范围最大的商事以及产权的凭证，主要体现在下述几点：

（1）购销、加工承揽、建设工程勘察设计等合同或者具有合同性质的凭证；

（2）产权转移数据；

（3）营业账簿；

（4）权利、许可证照；

（5）经财政部确定征税的其他凭证。

（二）印花税计税根据应税凭证的种类，分别有以下几种：

（1）合同或者有合同性质的证明，将证明上所写的金额当作计税的参考，其中包含购销金额、加工或承揽收入、收取费用等项；

（2）营业账簿中所记录的资金的账簿，将固定资产的原值以及自由流动资金的总额作为计税的参考；

（3）不明确标志出金额的营业执照，并且企业的日记账簿等一些具有辅助性质的账簿，都要按照依据上的数量上缴税款。

（三）下述情况不征收印花税：

（1）如果财产所有人把自己的所有财产上交给政府等一些单位，出示相关的收据，这种情况下不会征收印花税；

（2）能够提供缴纳过印花税的证据的，这种情况下不会征收印花税；

（3）国外的政府或者是一些国际上的金融组织，向我国政府及国家金融机构提供优惠贷款所立的合同，这种情况下不会征收印花税；

（4）一些与其有关系的部门会根据国家政策发放的一些合同，这些不会征收印花税；

（5）在获得了财政部门的准许之后，有能够免税的其他凭证。

第八节 有关房地产税收的优惠政策

一 享受优惠政策的普通住房标准

《国务院办公厅转发建设部等部门关于做好稳定住房价格工作意见的通知》中明确提出，住房如果想要享有优惠政策，那么必须要达到下述的要求：

（1）住宅小区的建筑面积容积率要高于1.0；住宅小区的整体建筑容积率应高于1.0；

（2）整套的建筑面积不能低于120平方米；

（3）实际成交价格低于同级别土地上住房平均交易价格1.2倍。

每个地区制定制度都要严格遵循一个地区的情况，制定与本地区相符合的制度、单套建筑面价的价格不是固定的，但是有一个遵循的准则，就是要比标准低，大约低1/5，控制在一定的范围以内。

二 个人购买销售住房税收优惠政策

（一）营业税

（1）如果是自己在构造自己的住房并将其销售的，这个过程不收取营业税；

（2）企业、行政事业单位要遵循房改成本以及制定的标准价，将住房出售的，不收取营业税；

（3）从2009年1月1日至12月31日，个人把购买的两年以内的普通房产向外出售，参照销售收入除去房屋的价款之后所剩的差额征收营业税；购买超过两年（含两年）的普通住房向外出售的，不征收营业税。个人把自己购买的不足两年时间的非普通住房向外出售，收取全部的营业税；购买超过两年（含两年）的非普通住房对外销售的，遵循销售收入除去购买房屋的价格的剩余金额收取营业税。

严格遵循《国家税务总局财政部建设部 关于加强房地产税收管理的通知》和《国家税务总局关于房地产税收政策执行中几个具体问题的通知》中提出的规定，个人买房的时间是购买者得到房屋产权证明的时间，或是在契税上标注出的准确地时间。在契税全部上缴的证明上所写的时间，也就是契税完税证明上所写的时间。纳税人将这些税款申报时，将同时出具房屋产权证和契税完税的证明，并且这两个证明材料上所标注的时间是不相同的，遵循"孰先"的原则确定实际的购买房屋的时间。房产证上注明的时间提前于契税完税证明的，房屋买下的时间就是房屋产权证上所标注的；如果契税完税证明上标注的时间晚于房产证上的时间，最终确定的购买时间就是契税完税证明的时间，根据国家房改政策买卖公有住房，要严格遵循"孰先"的原则，将其作为房屋购买的时间。

（二）契税

2008年11月1日起，个人第一次购买的90平方米以下的普通住房的契税税率调整到1%。

（三）土地增值税

个人销售住房暂免征收土地增值税。

（四）印花税

个人销售或者购买住房暂免征收印花税。

三 个人出售住房个人所得税优惠政策

个人在把自己的住房出售时，得到房屋出售的资产，要遵循"财产转让所得"项目，上缴一定税额的个人所得税。个人将自己房屋出售之后缴纳的所得税，可以按照下述制定的原则进行。

第一，个人把自己已经购买的公有住房向外出售时，他的纳税所得额就是个人将自己的房屋出售之后所得的总额，除去住房面积标准的经济适用房价格、过去拿出的高于住房面积的价格等，所有资金都排除之后的总额。

第二，职工严格根据成本价出资之后的集资合作建房等房屋的性质，要参照已经购买的公有住房准则规定要上缴的税款总额。

第三，受赠人在得到了赠予人赠予的房产，并将其转让的，他所要缴纳的个人所得税，就是排除受赠、转让过程中所要缴纳的税金以及扣除相关费用之后的金额。

第四，出售自己的住房并且将现有住房出售一年以内的，以市场价格重新购买房屋的纳税人，出售当前的房屋缴纳的个人所得税，将其当作重新购房的价值，也可以重新对其进行审核，制定免税政策，主要采用的方式如下。

（1）个人将当前所住的房屋出售缴纳个人所得税，应在产权正式进行办理过户的前期，就要把纳税的保证金交付到这个地区的税务机关的手中。税务机关得到了纳税保证金之后，向其提供"中华人民共和国纳税保证金收据"的证明，由其保管。

（2）个人在售卖自己一年以内购买的房子的时候，以购房金额为标准，将所有的保证金都退回。如果购房金额高于购房所花（过去的住房是已经购买的公有住房，过去的住房销售额中将政府规定的相关税款已经扣除。以下一致），要把所有的纳税保证金都退还回去；如果购房的金额比过去的住房保证金低，那么要按照购房金额把相应的保证金退还，剩余的资金以个人保证金的方式上交国库。

（3）个人出售当前的房屋并且在一年之内没有购买新房的，缴纳的纳税保证金将全部以个人所得税的形式缴纳到国库。

（4）个人申请退还纳税保证金的过程中，要向税务部门提供真实有效的证明材料，由主管税务部门进行审核，确定真实的信息并符合条件后将纳税保证金退还。

（5）跨行政区域售、购住房如果都能满足退还纳税保证金的要求的，要向纳税保证金的有关税务机关提出申请，明确指出要将保证金全部退还。

第五，如果是要将自己居住超过五年的房子转让出去，并且这个房子也是这个家庭唯一的房子，不征收个人所得税。

并且，为了使住房转让的个人所得税制度更加科学合理，应使各级房地产交易管理部门同税务机关加强合作，主管税务机关需要当地的房地产交易情况，房地产交易部门要积极配合提供。

四　住房租赁税收优惠政策

从2008年的3月1日开始，房屋租金市场的税收制度开始遵循下述的规定。

第一，如果是个人出租房屋得到的收入，征收的个人所得税的税率按1%价收。

第二，如果是向个人出租自己的房屋，要签订房屋租赁的合同，这种情况下，不会收取印花税。针对个人出租，承租房屋签订的合同，不征收印花税。

第三，如果是个人将住房出租，但是不划分对方的适用形式，以3%的税率来收取营业税，依据4%的税率征收房产税，但是按照城镇土地使用的税率可以不征收。

第四，如果是依据事业单位、社会团体或者其他的方式，按照市场当前实行的价格将房屋出租给其他人，那么征收的房产税的税率是4%。

第八章

1949年以来房地产政策调控与演变

第一节 1949—1978年的房地产政策

从中华人民共和国成立至今,过去采用的住房制度都是实物福利性住房制度,具有国家负责、无偿分配、永久使用等特点。这种历史制度在我国发挥着较大的作用。制定的住房制度中,依旧有很多问题没有解决,其中还包含很难解决的矛盾,但最关键的一个难题便是当前国家所供给的住房远达不到城镇居民的住房需求,并且也不能与社会主义市场经济的发展相背离,严重阻碍了社会的高速发展。使用低租金向外出租房屋,收回的房租都不能满足住房的维修费用,国家在住房的投资远远大于其收入,但是这方面的资金只能增加,不能减少。因此,要构建更加健全、完善的城镇住房制度,彻底抛弃过去使用的住房制度,实行机制转换制度,研究制定一套具备我们国家性质的住房制度,使其更具社会化、市场化。具体内容见表8—1。

表8—1 计划经济时期主要房地产相关政策(1949—1978)

类别	时间和具体内容	作用与影响
制度性政策	1949年9月29日通过《中国人民政治协商会议共同纲领》	是中华人民共和国成立初期的人民大宪章,房地产立法的主要依据
	1950年6月28日中央人民政府通过《中华人民共和国土地改革法》	没收地主的土地、耕田、多余的房屋
	1950年4月3日政务院公布《契税暂行条例》	房屋买卖、赠予和典当要按房地产价格征收契税

续表

类别	时间和具体内容	作用与影响
制度性政策	1953年11月政务院通过《国家建设征用土地办法》	规定对被征收土地补助、补偿的办法
	1954年9月20日颁布我国第一部《中华人民共和国宪法》	国家保护公民的房屋和生产资料的所有权
	1956—1965年：（1）《中央转批中央书记处第二办公室〈关于目前城市私有房产基本情况及进行社会主义改造的意见〉》；（2）《中央主管机关负责人就私有出租房屋的社会主义改造问题对新华社记者发表的谈话》；（3）1964年《国务院批转国家房产管理局关于私有出租房屋社会主义改造问题的报告》；（4）1964年国务院批发的《国家房产管理局关于加强全民所有制房产管理工作的报告》；（5）《农村人民公社工作条例（修正草案）》	上述文件确定了城市土地归国家所有的原则在农村经过合作社运动之后，消灭了土地私有制。宣布农村土地归集体所有。这不仅具有重要的社会革命意义，而且具有强烈的现实意义。使我国城市土地成为单一的国家所有制的土地，与农村集体土地所有制一道，构成了我国土地的社会主义公有制的基本形态 城市住房主要是公房，由党政机关、国营企业事业单位采取分配、承担物业管理，居住者缴付低租金]
	1966—1978年	"文革"时期，城市的房地产管理基本沿用1964年前的规定

第二节　改革开放以来房地产政策调控与演变

一　城镇住房制度改革的探索和试点阶段

1978年以来，党中央、国务院领导开始关注居民的居住条件。1978年9月，邓小平提出：解决住宅问题能不能路子宽些，譬如允许私人建房或者私建公助，分期付款，把个人手中的钱动员出来，国家解决材料，这方面潜力不小。1980年4月，邓小平在建筑业以及住宅问题的讲话中提出当时我国的城镇住房制度的改革目标以及具体实施的住房政策。邓小平的讲话彻底改变了过去的住房公有制以及福利制度的观念，开辟出一条新住房制度的发展道路。1980年6月，中共中央、国务院在批转《全国基本建设工作会议汇报提纲》中正式提出住房商品化的策略，允许私人构建房屋、购买房屋，有自己的房屋，同时新建的住宅能够向外售卖，目前拥有的住宅也可以向外售卖。住房制度改革正式开始。

1979年，开始住房制度改革，新建住房全价出售开始。1979年，国家城建总局开始试运行，将新建住房以土建成本的价格出售给居民，开始运行的城市有5个，分别为西安、南宁、柳州、桂林、梧州。1981年，我国的23个省、自治区、直辖市的60多个城市，开始展开新建住房的工作。1982年4月，国家建委、国家城建总局选择郑州、常州、四平、沙市4个城市进行新建住房补贴出售试点。基于对过去经验的总结，城乡建设环境保护部于1984年10月，向国务院申请了《关于扩大城市公有住宅补贴出售试点的报告》。1985年底，我国总共有27个省、超过160个城市和300个县镇成为补贴出售公房的试点，总共出售的房屋面积高达1092万平方米。总体分析得出，1985年之前采用的房改政策并没有彻底改变过去的住房制度，房改表现单项措施（如售房、提租补贴）或个别城市的试点，改革的速度非常慢。这段时间的推行，成为我国住房制度改革的基础，不断摸索前进，还没有探究住房租金等一些商品性质的内容。

1986年2月，"国务院住房制度改革领导小组"正式成立，他们的主要工作是维护并推行全国进行的房屋改革工作。房改的影响范围非常大。这个时期的突出特点就是针对过去的住房制度的低租金，当前的改革大大提高了租金，将其作为改革的核心内容。"提租补贴"的操作方法是：适当提高租房的资金，提高居民的工资水平，改变暗贴的方式，开始使用明补，将住房实物分配向货币分配转变，在提高租金的过程中推动售房，这些方式主要是为了减少住房的不合理需求。

1988年1月，国务院首次实行全国范围内的有关住房制度的改革会议。1988年的2月，国务院批准印发了《国务院住房制度改革领导小组关于在全国城镇分期分批推行住房制度改革的实施方案》，该方案从许多个角度指出了城镇住房制度需要修改的内容,该文件中明确地提出房改要达到的目标、采用何种方式等,对于当前实行的方法做出细致的解释,住房改革制度在全国范围内的推行拉开了帷幕。

二 城镇住房制度改革的全面推进和配套改革阶段

1991年6月,国务院颁发了《国务院关于继续积极稳妥地进行城镇住房制度改革的通知》(国发〔1991〕30号),该项通知提出实行城镇住房制度的重要原因,同时也从多个不同的角度指出城镇住房制度改革中的内容,实行新房新政策,同时提出采用国家统一政策的重要作用。

1991年11月,国务院办公厅下发了《国务院办公厅转发国务院住房制度改革领导小组关于全面推进城镇住房制度改革意见的通知》(国办发〔1991〕73号)。该文件主要是对于城镇住房制度制定的,在该意见中,详细地解释了城镇住房制度改革的内容,并且针对城镇住房制度改革的时期划分进行明确的规定,提出城镇住房制度改革所遵循的几点原则,研究制定城镇住房改革的十二大政策,指出应在1992—1993年期间,将城镇住房制度在全国实行。这也能够证明城镇住房改革当前已经步入了摸索的阶段,相应的配套制度也在相继出台。

三 城镇住房制度改革的深化和全面实施阶段

1994年7月18日下发了《国务院关于深化城镇住房制度改革的决定》(国发〔1994〕43号,以下简称《决定》),这个《决定》是参照过去十多年的房改制度,结合其中的有益因素制定而成的,是后期房改必须重点关注的问题。《决定》中提出房改的重要制度指向是:实行与社会主义市场经济制度协调发展的符合时代的城镇住房制度,使住房的商品化更强,社会化的影响越来越大;住房建设的发展速度也有所加强,改善当前居民的居住环境,能够满足绝大多数人的住房需求。房改中的内容能够总结概括成"三改四建"。"三改"就是改变计划经济制度管理之下的,具有社会福利性质的制度,主要是将住房建设投资由国家、单位统包的体制改变为国家、单位、个人三者合理负担的体制；改变每个单位的住房、维修等制度，使其变得更具社会化，实行更加专业的制度；改变住房实物福利分配的形式，当前实行的分配方式是按劳分配的货币工资分配，是当前最主要的形式。"四建"就是构建与社会主义市场经济制度相吻合的住房制度，其中包含：构建以中低收入家庭为服务对象，并且是社会保障性质的经济适用房，以及以高收入家庭为核心的商品房供应制度；开始大力推行住房公积金制度；推行住房金融以及住房保险，构建较为健全的政策性同商业性共同存在的住房信贷制度；构建较为健全的房地产交易市场、房屋维修等。住房资金的投入产出能够一直保持较快的速度运转，使房地产企业的发展速度越来越快，赶上其他产业发展的步伐。《决定》中明确提出应重视住房公积金制度，并保持较快速度发展，制定更加完善的租金改革的制度，将公有住房采用出售的方式，使经济适用房的发展速度越来越快，将过去实行的制度与《决定》能够更好地结合在一起，当前，城镇住房制度影响范围非常大。

1998年7月3日发布《国务院关于进一步深化城镇住房制度改革加快住房建设的通知》（国发〔1998〕23号），其中明确提出在1998年的下旬，整个国家的城镇都不利用住房实物分配制度，开始实行住房分配货币化。实行的新型的城镇住房制度改革的方案如下：（1）彻底废弃住房实物分配的制度，当前实行住房分配货币化的制度；（2）制定将经济适用房作为中心的一种住房制度；（3）使公有住房制度的影响范围越来越大，重视对住房交易市场的管理问题；（4）采用扶持制度，使经济适用住房的影响范围越来越大；（5）加快住房金融的发展速度；（6）重视住房物业的管理问题。根据以上制度，加快全国住房制度的发展步伐，目前已经取得了一定的成绩。同时，这个制度是住房制度的一个过渡环节，使企业住房制度的步伐越来越快。

第九章

国外房地产政策调控与演变

第一节 美国房地产政策

美国政府根据城市的不断发展和房地产产业的发展研究出更加精准的制度。1949年，美国联邦政府研究制定了《住宅建设发展远景规划纲要》，并在其中明确指出："加强美国住宅建设，尽最大努力使每一个家庭都能拥有一套属于自己的标准住房。"在20世纪60年代初期，肯尼迪发表国情咨文《住房和城镇发展计划》提出三个基本目标："第一，加强城市建设，确保我们的都市地区能够保持高速发展；第二，全国人民都能住上环境宜人的房屋；第三，积极推动建筑业的发展，将其当作能够推动经济发展的重要因素。"1965年成立全美住宅与城市发展部，以此来推动住宅建设项目以及城市更新活动的发展，改变当前的居民居住环境。

第二节 日本房地产政策

一 住房政策

当前，日本针对居民住房方面实行的政策，多数是通过多方筹集资金的方式构建公有住宅，除此之外，积极推进私人住宅的构建，这样可以有效解决就业问题。公有住宅分为多种形式：公营住宅、公团住宅、住宅金融公库贷款住宅等。

想要去日本购买房产，首先要对日本的房地产政策有一些了解，多数都是同住房类型相关联的。

第一种是公营住宅，这种形式的住宅是国家拨款构建的住宅，是有福利性质的。但是这种房屋的数量较少，想要申请就要耗费大量的时间。

第二种是公团住宅。这种住宅类型主要服务的对象是城市家庭收入较高的居民，为这种类型的居民提供的住宅，也是公益性质的，换句话说就是为了满足高收入群体的需求。日本是世界上较为发达的资本主义国家，但是居住却同经济相反。由此能够看出，日本的居住条件远差于欧美国家。

第三种是住宅金融公库贷款住宅。听名字就能够分析出这类房屋是银行等金融机构构建的住宅，提供低利息的住宅资金等，这种行为是为了服务政府，同时也能够为购买者提供资金贷款，利率是相对较低的，并且购买居民的还款压力也非常小。

第四种是地方住宅供给公社住宅。这是针对劳动者构建的住宅形式。在这部分的房产规定制订了详细的计划，同时日本房产法律上也有明确的规定，在日本各都道府县以及人口超过 50 万人的城市中，都要有住宅供应公司。因此，如果想要在日本购置房产，应对自身进行准确定位，日本多数的住宅都在 50 万日元左右。

二　租房政策

第一，在签署房屋租赁合同时要提供租房者的身份证，同时还要出示复印件，将其作为合同附件。

第二，所有的水电气以及电话费都要一次性结清，在合同中会将这部分内容明确标注，按照格式填写。

第三，明确房屋中的设施损坏问题，这样在出现问题时更方便解决。

第四，当合同时间到期，租房者决定要退租时，明确租期结束后的多长时间，在房屋设施没有任何问题的情况下，将押金退还。

多数人去日本买房子是为了投资，相关调查数据显示，投资公舍住房，很短的时间之内就能得到回报。

日本最大的租赁中介商 Eiburu 公司，采用半个月的房租作为中介费的形式，将他们的房屋介绍给需要的人，业绩越来越好。中介费多数情况下都是一个月的房租。

除此之外，日本的租赁合同多数都是两年更新一次，很多人都在忙着签合同，时间也到这个时候为止，因此，找房子的黄金时期就是1月底至3月中旬。

日本采用科学准确的住房制度朝着住房发展的目标前进。2005年，日本正式运行8个"住宅建设5年计划"。

2005年6月出台了《居住基本生活法》，采用法律的形式制定5—10年的住宅目标、政策手段等，代表着日本住宅建设已经开始重视全面提高生活品质以及居民环境建设时期，放弃过去采用的数量建设。

日本建造房屋首要参考的因素就是地形，根据各个地方的地势构建房屋，制定了两种发展的目标，一种是都市型的，一种是一般型的（都市型则是选址在市中心的住宅，一般型的就是在郊区的住宅）。同时，根据各个阶层制定发展目标，标准分为两种，一种是保障型的，另一种是引导型的，根据不同年度的规划制定保障型标准以及引导型标准的比例。

日本的居住数量是根据家庭中的人口总数分配居住面积，将套作为测量的准则，例如规定单身、两口人、三口人等家庭的居住面积，严格遵循规定的面积标准。如第六个、第七个住宅建设5年计划和新的《居住生活基本计划》中，规定的居住型的房屋，四个人的面积为93—121平方米，随着时间的发展，到了2015年，统计数据显示面积提高到了95—125平方米，增长的幅度比较小。

政府要加强对保障型住房面积的管理，一些收入较低的家庭，居住的房子都是出租屋，是由政府提供的公营住宅、公团住宅，房屋的建筑面积约在50平方米。市场上，这类的房屋并没有被准确地进行规定，建造过程中根据国家制定的准则，运用政策的方式加以引导。当前，对日本的房屋面积统计的数据显示，日本一户房子的面积大约是92平方米。

保障性住房资金中心问题就是中央财政。20世纪50年代，人们居住的房子特别少，政府推行的住房公团、供应收入等使低收入的家庭都有了居住的环境，有效地缓解了低收入家庭的住房压力。政府为这些低收入者提供的住房里，多数都是以出租的方式，有效地解决了低收入家庭的住房压力。

基于资金的角度展开分析，资金的主要来源就是国家的财政支出。地方政府主要负责的就是对出地（土地优先供应）和组织进行管理。为了建筑出越来越多的房子，减少购房者的购房压力，日本政府采取两种补贴的形式。第一种就是政府财政的拨款，资金最多是流入低收入家庭的住房补贴，配合上资助公营住宅建设。第二种主要是政府的财政投资性贷款，这些资金主要是运用在公团住房建设的投资贷款，其次是向住房金融公库发放贷款，再将这些发到建设公有住房和低收入者的住房贷款。

当前，政府的保障型住房建设越来越少，并且针对公营住宅等制定了更加精细的准入退出制度，根据不同家庭收入制定的不同的租金标准，每个层次的都不同，制定规则就是租金低于家庭总收入的30%。

一些家庭总收入高于平均水平的家庭，采用两种解决方式，一种是退出公营住宅，另一种则是提高租金，最高的租金达到过去租金的两倍。日本在对住房居住能力测量时，会从收入中减去人口的支出，例如共同生活者、儿童等，剩下的资金核定家庭的住房消费能力。

三　买房政策

（1）在日本置业后，可否申请日本居留权或投资移民？

不可以。日本买楼和居留权之间没有必然的联系。你在日本读书，便可以申请留学签证。如果在日本工作，申请就劳签证。如果你和具有日本国籍的人结婚，便可以申请配偶签证。

（2）置业后，如想加设建筑物怎么办？

日本的僭建是违反法律的行为，想要增加建筑，那么就要得到市政府的准许才可以进行。

（3）可否用公司名义买楼？

赞同，但其中有一点需要注意，税项同个人的名义是存在差距的，并且以公司的名义购买的物业会直接影响到卖楼的物业价值。

（4）可否与配偶联名买楼？

可以的。但是买楼应提供住址以及身份证信息，在保税时，要将个人报税表填写清楚。

（5）如果共同购买房屋，有一个人提前离世，另外一个人可不可以成为这个房屋的主人？

根据当前日本制定的规定，如果是超过或等于两个人掌握房产，生的人不能直接继承死的人的财产。要有司法书士（日本事务律师）的相关继承手续。

（6）可否在日本的银行开银行户口收租？

日本政府为了减少外国人在日本进行非法活动，日本的银行都不会为没有日本居留权的外国人开户。日本银行开户仅仅针对在日本有居留权的人，同时指出，有外国人登陆证或者住民基本台账卡的外国人可以在银行开户。

（7）可否指示租客把租金汇至日本以外其他国家的银行户口？

多数情况下是不可以的。正常的租客都不会承担每个月高额的银行汇款手续费以及麻烦的银行汇款手续。

（8）能不能向日本税务署申请把税单及其他联络信件寄至日本以外的国家地址？

不能，日本的税务署仅仅可以把税单和一些其余的信件共同邮到日本。

（9）可否指示租客代报税，代付固定资产税、都市计划税、管理费、修缮积立金等？

不可以，租客仅仅是租客，没有权利代业主报税等。

（10）可否随便向租客加租？

日本的租约多数是两年，两年自动续约一次，正常情况下可以在更新租约时向租客加租，租客可以拒绝加租。根据《日本民事调停法》24条之2款，届时可能由调停委员调停。业主要准确提供加租的证据，例如固定资产税等。严重情况下可能会上到法庭，如果业主输了，就要支付双方的律师费用。日本的法律更多地偏向私了，业主不能随意地加租或者赶走租客。并且，业主随意加租会有碍于海外业主。如果这件事闹到法庭，业主必须亲自出庭，要聘请律师，等等。

（11）什么是"宅地建物取引主任者"？

"宅地建物取引主任者"也叫作"宅建"，日本政府出台相关制度，严格规定处理房地产的国家专业的性质。每个地区的地产营业和地产代理牌照都各不相同。"宅地建物取引主任者"就是香港负责房地产合约的律师，主要工作是解决房地产的合约，同时还要准备合约中的相关条例。要等买卖双方都查阅并且赞同之后，在上面盖上章，根据"宅地建物取引主任者"的名字并盖印，这样的合同才有真正的使用价值。

（12）什么是修缮积立金？

修缮积立金为一栋大厦各业主每月需付的建筑物检查及维修准备费用。例如在对电梯、外墙等进行检查或者维修过程中，在修缮积立金的基金中抽出支付检查以及维修的费用。如果修缮积立金不够时，每个大厦业主要承担检查费用。

（13）在日本买楼后，可否随意更改现存租约楼契，随意进入租客房间，立即驱逐租客，拒交管理费，修缮积立金、税项，强行改变大厦公约，霸占大厦公用地方，等等？

尽管业主有自己的权利，但是日本法律是不允许随意行为的，会阻碍其他人遵循相关法律。在日本买楼，自然就要遵循日本的相关法律法规。

（14）想立即买楼及订立物业买卖合约，但由于资金周转关系，可否把交楼日期延迟？

不可以。一般情况下是在买卖双方签订合约后的一个月交楼。交楼日期只要定了，就不能修改，例如卖方如果不能在约定的时间内上交余款，就要解除买卖合同，买方订金无法退回，而且要将买卖楼价的两成作为违约金，因此，如果想要在日本买楼，就要准备足够的资金。

（15）外国人在日本置业，日本法规上是否有任何限制？

当前日本法规没有明确针对外国人购买日本物业进行详细规定，税项和日本人相似。从1998年4月改法后，不是日本国籍的人，没有在日本置业的限制。

第三节 韩国房地产政策

城镇化、经济发展的过程之中，韩国政府面临着很多前所未有的挑战，例如在法律和法规限制农业用地用途转换、合理划分房地产开发各主体职责等。城镇化和房地产在不断发展过程中表现出的问题，韩国政府研究制定了大城市人口限制和疏导政策、控制大城市土地供给的"开发限制区"制度、土地和住房政策向大规模公寓楼建设倾斜的政策等，中国可以吸收其中有益的因素。

2017年8月2日，韩国文在寅政府宣布实施"8·2"房地产调控政策，开始对楼市进行全新的监管制度。韩国"8·2"房地产调控政策其中包含，指定投机过热地区以及投机地区，严格防控投机资金的流入；重点关注以实际需求为核心的房地产需求管理；重视投机性房产需求的研究；增加住房供给数量；采取多种金融监管手段；等等。具体内容有以下几种。

第一，特定的投机热度较强的地区或者是投机地区，控制投机资金向其投资。这次房地产的调控，可以将调控地区分为两种情况，一个是投机地区，一个是投机过热地区或者是调整对象地区，同时这种情况的划分是不断进行的，参照的地区是首尔江南四区（江南、瑞草、松坡、江东），这些都是投机的地区，将其调整为对象地区。

第二，应重视实际需求作为中心的房地产需求管理。首先，加强转让所得税。调整对象地区包含其中的，如果存在两套房子的房产转让差额需要适用的所得税率，要提高10%。如果在这个地区里面自己已经拥有三套房，相应的税率要提高20%。该规定的实行时间是2018年4月1日。其次，为了健全家庭中所掌握的一套房的转让税免税额的有关制度，在这个房子居住的时间高于两年，可以采用免税规定。最后，如果是掌握多套房子的人群的金融监管。投机地区，一些住房抵押贷款是有明确的数量要求的，过去明确要求，每个人只能使用一次住房按揭贷款。并且，如果是投机过热的地区，LTV（Loan to Value，贷款价值比）和 DTI（Debt to Income，总负债偿还比率）都采用 40%，具备一套房屋抵押贷款的家庭，要降低为 30%，而实际的家庭会增加到 50%。

第三，要重视投机性房产需求的审查。首先，交易成交额比 3 亿韩元多的时候，购房者应准备资金、准备计划和准备入住的计划。其次，采用特别司法警察制度，加大管理房地产市场中的行为力度。最后，国税厅等相关部门共同承担自己的责任，重点监管未成年人逃税的行为。

第四，提高在住房上的供给。政府可以向居民提供更多的住房，包括每年提供 17 万户的公共租赁房等，一些刚刚结婚的夫妇可以申请。

第五，重视金融等制度的完善。健全公寓申购制度，加强地方民间住宅用地的售卖时间。

第四节　法国房地产政策

法国有关于房地产的法律有三个：第一个是 1948 年颁布的法律；第二个是 1982 年颁布的吉尤（GuI LLoT）法；第三个是 1986 年颁布的梅埃涅利（MEHAxe NERIE）法。上述法律都是根据法国制定的房地产交易的实际情况展开实施。1948 年法中包含着非常细致的住房法律，其中明确指出房地产主、访客以及出租房主在房产交易过程中所承担的权利和义务，同时对住房的设施、附属设备、住房人员的家庭情况等信息进行细致的解释。从 1948 年法实行至今，法国政府又结合实际情况，找出各地区住房上出现的问题，颁布了多种法律，作为 1948 年法的辅助。吉尤法和梅埃涅利法是基于

1948年法进行补充的,其中的内容是针对最近几年的房屋出租情况,对住房租赁关系进行重新定义。

从1999年至今,法国的房价上涨幅度大约在45%。在民间有传言指出,房价的飞速上涨,法国政府实行的廉租房以及房地产高税收政策都产生不可小觑的作用,并且房屋租赁市场较为成熟,所以,法国的房地产市场是没有"泡沫"现象的。

当前,法国的房价同居民收入是比较协调的,居民当前在住房上没有问题。还有一些业内人士说,法国房价在1994—1999年期间,下降了30%,所以1999年至今的价格上涨也是对于之前损失的一部分的补充。

法国当前各个城市的房价,只有巴黎的房价较高,房价在每平方米5000欧元(是普通工人税后月收入的3倍)。但是,巴黎的房价是不能当作法国总体价格的参数的,所以巴黎是在欧洲排名第二的投资热点城市,排名在伦敦之后。相关数据显示,离巴黎200千米路程的城市南锡每平方米的房价是1500欧元,同时法国南部重要港口城市马赛的平均房价是每平方米2500欧元。

有关人士表明,当前的社会福利以及税收制度都是较为完善的,法国也阻止了房地产市场的投机活动,法国政府采用的最有效的调控房价的形式就是廉租房制度。法国政府明确指出,每个城市都要设定廉租房,它所占的比例占总面积的15%—20%。正是因为廉租房,一些低收入的居民在换房过程中,要充分考虑廉租房的问题,房屋买卖市场中的买方人数会相对减少,导致房价受到影响,需求量也会受到影响。

法国廉租房建造时会得到中央政府的补助,建成之后,由各地方政府以下的"廉租房管理办公室"管理,实现"为低收入者排忧解难"。相关规定表明,"廉租房管理办公室"其一要加强对房源的管理,多数的廉租房仅供出租,不售卖;其二,向社会公开廉租房的出租状态,要在大众的眼睛下接受监督。廉租房的主要出租对象是收入较少的移民家庭,还有是家庭孩子较多的,廉租房的受益群体的最低标准是收入较少的低级的公务员。

除了廉租房制度之外，法国政府还大力推动租房补贴等福利制度，社会各个阶层的没有房子的住户都能得到政府的补贴，这是法国房屋租赁市场受到欢迎的重要原因。

除此之外，法国的地皮税非常高，这种制度也阻碍了投机者利用房地产获得暴利的机会。当前，法国的购房者要向政府缴纳同房屋相关的税款，上缴除地皮税外，还有住房税或者空房税。高税收使得投资者只有在房价上涨的时候才能得到利润，但是这种情况出现的概率非常小，所以法国人投资的市场都不在房地产行业，这也是风险最大的领域。

但是，法国社会各界都指出，法国超过十万人口的大中小城市的房价都过高，出现这种问题的主要原因是房贷的利率低。相关信息显示，最近几年的法国房贷利率呈现下降的趋势，15年期房贷利率当前是3.6%，是近20年里最低的。

总而言之，最近几年的法国房地产市场较小，2004年全国售卖的房屋仅有11万套。为了刺激房地产市场的发展，法国政府降低"第二住房"的住房税来激发居民买房的欲望。

在鼓励个人买房上，法国实行许多的补贴制度。零利率贷款的前提是在两年时间内没有购买任何的房产，并且购买者必须自己居住，出现特殊情况，例如离婚、残疾等情况可以将房屋出租。住宅储蓄制度使得开户便能够得到一定数量的国家补贴。法国主要开征三种住房税，分别是居住税、住房空置税和职业税。居住税的纳税人是在房屋中居住的，谁在房间内居住，谁纳税。住房空置税，在征税时间1月1日之前的两年时间里都没有人在其中居住（居住时间不超过一个月）就要纳税，纳税人是房屋空置的重要原因，例如买了房子没有住的业主，同时签订了租约但是不住的租户。职业税就是对利用房屋获得利润的房屋征税。上述三种税款必然会征收一种。事实上，税收的承担者并不是业主，针对抑制房地产的投机行为也是存在限制的。

第五节　新加坡房地产政策

一　财产税

新加坡的财产税征收对象是所有的不动产，根据不同的物业形式，采用不同的税率，主要分为三种类型，分别是业主自住住宅、非业主自住住宅、非居住房屋，自用型住宅房地产和非自用型的住宅房地产采用累进财产税税率，其他房产，例如商业和工业房地产，税率是10%。新加坡支持居民购买房产自己居住，购买自己居住的房地产的居民能够得到相应的税收优惠，高档私人住宅的税率较高。新加坡国内税务局（Inland Revenue Authority of Singapore，IRAS）每年都会针对物业年值做评估，根据市场租金的变化适当地进行调整。当前，自用型房地产采用的累进财产税制度（PPTR）2015年1月1日开始实行，实行7个等级的累进税率，免征额度是8000新元。

2015年1月1日开始，累进财产税制度也开始在非自用型住宅房地产中适用。年价值超过3万新元的非自用型住宅实行10%—20%的6级累进税率。

二　物业印花税

新加坡征收的印花税的范围非常大，任何的买卖和租赁都要缴纳相应的税额。买卖环节，买家要缴纳印花税（Buyer's Stamp Duty）、买房缴纳的卖家印花税（Seller's Stamp Duty）和额外印花税（Additional Buyer's Stamp Duty），参考合同总额、所持年限等制定税率，整体体现出一种"房价越高、持有越短、拥屋越多，税率越高"的状态。买房印花税参照买入价或者市场上的价值进行缴纳。2018年2月20日开始，住宅物业以及非住宅物业的印花税的税率不一致，住宅物业的印花税税率最高是4%。

卖家印花税基于价税税率针对转让、分配等的财产征收情况，新加坡政府以持有年限累进印花税率，达到遏制投机的目的，持有的时间越少，税率越高。2017年3月11日之后购买的房地产，如果在购买三年后再次出售，这时卖方不需要缴纳印花税。如果在三年之内将自住房向外出租的，依据存期，将销售对价以及市场价值中处于高水平的作为计税基础，税率分为三个等级，分别是4%、8%、12%。

2011年12月8日开始，新加坡政府对印花税进行调整，以此来加强对房地产市场的监管，额外实行的印花税是针对买方的，分为四种不同的购买群体，同时自身拥有房屋的数量直接决定最终的税率。租赁物业印花税参考已经申报的租金或者市场租金较高的，根据租契的印花税进行缴纳税款。

三 所得税

新加坡在进行房屋出租或者售卖时，都要缴纳所得税。租赁环节的税由出租人负责，税基就是房屋扣除相关费用之后所剩的资金，将其加入个人所得税的资金之中，实行0—22%个人所得税率。买卖环节针对投资炒作的个人征收，一般的房屋交易当作资本收益，不需要缴纳税款。投资炒作的认定工作掌握在新加坡税务局手中，参照房屋买卖的次数、原因等多种因素进行综合分析。详细内容见新加坡房地产税率表9—1、表9—2、表9—3。

表9—1　　　　　　　　新加坡自用型住宅房地产税率

年价值	自2015年1月1起执行的税率（%）
0—8000新元	0
8001—55000新元	4
55001—70000新元	6
70001—85000新元	8
85001—100000新元	10
100001—115000新元	12
115001—130000新元	14
超过130000新元	16

数据来源：国家税务总局《中国居民赴新加坡投资税收指南》。

表9—2　　　　　　　新加坡非自用型住宅房地产税率

年价值	自 2015 年 1 月 1 起执行的税率（%）
0—30000 新元	10
30001—45000 新元	12
45001—60000 新元	14
60001—75000 新元	16
75001—90000 新元	18
超过 90000 新元	20

数据来源：国家税务总局《中国居民赴新加坡投资税收指南》。

表9—3　　　　　　**2018 年预算案计划修改后印花税税率**

物业买入价或市场价孰高者	住宅物业的买房印花税税率（%）	非住宅物业的买房印花税税率（%）
低于 180000 新元	1	1
180001—360000 新元	2	2
360001—1000000 新元	3	3
超过 1000000 新元	4	3

第十章

房地产常见术语

在经济社会快速发展的过程中,很多经济活动都与房地产存在紧密的联系,如置业、买房等,购房人员经常会接触一些购买领域的专业术语,目前部分术语已被人们熟知,但购房人员对很多术语不了解。由于不了解专业术语,购房人员在合同签订的过程中,无法完全理解部分条款,或者出现了认知偏差,如此,就会出现严重的经济损失。这样一来,购房人员的积极性必然会受到影响,而且一些开发商也会抓住这个空子,非法谋取利益。正是因为如此,对购房人员而言,应该了解这些专业术语。

第一节 什么是房屋产权?

房屋产权是掌握房产的居民参照国家制定的法律法规,拥有相关权利,是将房屋的许多种权益相加,也就是房屋所有者对该房子的占有、使用等权利。

占有权就是这个房屋的控制权把握在产权人的手里;使用权是产权人参照房产的特性、作用等,对房屋使用的权利;收益权就是产权人在得到房产时获得利益的权利;处分权就是产权人基于法律要求对房产处置的权利。房屋产权的核心要素就是处分权,这也是房屋产权最本质的权利。处分权仅仅掌握在房屋产权人的手中,房屋产权人自己才能掌握这种权利。

第二节　什么是产权证书？

产权证书也可以叫作"房屋所有权证"和"土地使用权证"。房屋产权证书中包含产权类别、产权比例等，同时还要附上相应的房地产测量部门制定的房屋平面图。

第三节　什么是不动产权证书？

国土资源部提供的不动产登记簿就是不动产权证书，从 2015 年 3 月起实施。不动产登记机构将新登记簿启用后，就不再发放原有登记证明，原先依法登记的归户卡、登记簿等仍是有效的，依法制定的集体土地所有证也是有效的。

第四节　什么是使用权房？

使用权是一些国有的企业或者事业单位建造的房子，政府会按照固定的租金标准，把房间出租给居民的、具有共有性质的房屋。

第五节　什么是公房？

公房也可以称作住房或者国有住宅。就是国家以及国有企业、事业单位共同投资的房屋，住宅没有卖出去时，房屋的权利都把握在国家手中。

目前，居民租赁的公有住房，根据房改政策可以分成两种，其一是可以售卖的公有住房，其二是不具备销售性质的公有住房。两种住房的性质都是使用权房。

第六节　什么是已购公房？

已购公房就是城镇职工基于国家或者县级以上的地方人民政府根据城镇住房制度改革的要求，参照成本价格购买的公有住房，或者参照地方人民政府制定的住房保障制度购买的经济适用住房。

已购公房也叫作售后公房，是买的公有住房。

第七节　什么是不可售公房？

不可售公房是当前采用的房改政策，一些公有住房不可以卖给租赁者，房屋类型包括旧式里弄、新式里弄、职工住房等厨房、卫生合用的不成套房。

第八节　什么是单位产权房？

单位产权房是单位把握产权的房屋，也叫作系统产权房或者系统房。我国实行住房制度改革之前，过去的住宅都是由单位进行划分的，将房屋分到职工手中，作为福利。房屋的产权掌握在单位的手中，没有掌握在员工的手中，分配到职工的手中时，都会发一个使用证，房屋具备使用权的特质。一些员工的工作发生变动，想要变动房屋要得到产权单位的同意才可以进行。

第九节　什么是现房？

现房就是业主在购买房屋时，付款就可以入住的房屋，也就是开发商已经准备好销售房屋的房产证和土地使用证的商品房。业主将商品房买卖合同签订之后，就可以直接办理入住，并且得到产权证。

现房必须具备房产证和土地使用证。

第十节　什么是准现房？

准现房就是房屋主体的构建工作已经收尾，小区中的楼宇的结构已经初步显现，房型、楼间距可以清晰地看出，当前的工作是对内外墙进行装修的房屋。

第十一节　什么是期房？

期房就是指从开发商手中得到的商品房预售许可证开始，一直到得到大产证为止，在这期间的商品房子可以称作期房，业主在特定的时间之内买房，应共同签署预售的合同。港澳地区把期房称作"楼花"，是当前的房地产开发商使用最多的销售方式。购买期房的消费者，他所买的房屋还在建造。

第十二节　期房与现房的优势分别是什么？

表10—1　　　　　　　　期房与现房的优势

期房的优势	现房的优势
期房价格低，对自住者来说相对划算，对投资者来说有升值空间	真实直观，可第一眼看到房型、朝向、质量，现房可以即买即住，不用像期房等一至两年甚至更长的时间

第十三节　什么是私房？

私房也可以称作私有住宅或者私产住宅。是个人或者家庭买的住宅。农村很多的住宅都是自己建筑的，是私有住宅。公有住房多数都是利用住宅消费市场的方式把它销售给个人，它就变成了私有住宅。

第十四节　什么是尾房？

扫尾房亦可称为尾房。在房地产市场快速发展的过程中，散户零售时代的来临，产生了尾房这一概念，也就是空置房。在商品住宅的实际销售过程中，如果销售量超过80%，就进入清盘阶段，在这样的情况下，销售的房产就是尾房。在常规销售之后，开发商仅剩余少量房子，这些房子存在一定的缺陷，如楼层较低、光线不足、朝向较差等，缺乏竞争力，如一楼住宅受到严重的遮挡而且没有小花园。

第十五节　什么是烂尾房？

烂尾房是开发商资金链断裂，或者出现供给大于需求的情况，使得大面积空置，不能将前期投入的资金收回，后期也无法继续建造，甚至全盘停滞的楼房建筑。

烂尾情况在房产刚刚推行的时期不会出现，多数情况下都是在项目进行的过程中体现出来。

第十六节　什么是共有房产？

超过两个以上的人共同拥有的所有权的房产就是共有房产。站在法律的角度上分析，共有人掌握的权利是共同的财产，其中也包含着相应的义务。

共有房产只存在两种情况，一种是共同共有，一种是按份共有。

表10—2　　　　　　　　共同共有和按份共有特征

共同共有	按份共有
根据当事人之间的关系得出。共同关系主要是来自婚姻家庭领域和存在亲属关系的公民	排除法律法规的规定，要参照当事人的想法，不可忽视。按份共有的类型包含：合伙产生的公有、共同出资的购房产生的因素等
共同共有的房产主要有：夫妻共同拥有、家庭拥有以及通过遗产划分等	按份共有的当事人中的关系，也是存在着亲戚的关系

第十七节　什么是二手房？

二手房就是别人居住过的房屋。新建造出的商品房的一次交易叫作"一手"，二次交易就叫作"二手"。

二手房是在房地产交易中心有过记录，已经进行初始登记和总登记、二次上市交易的房产。它与开发商手中的商品房对比，是房地产产权交易的二级市场的名称，主要的房屋类型有二手公房（房改房）、解困房、拆迁房等。

第十八节　什么是起步价？

起步价就是物业根据各个楼层制定的最低销售价格，多数是户型格局相对较差、朝向不好的楼房的价格。每个楼层的差价都不同。

第十九节　什么是房产基价？

基价另一个名字叫作基础价，在多次计算后的每平方米的单元房的价格。商品房价格就是按照基数的楼层和方向之间的差距计算出的最终结果。

第二十节 什么是预售价？

预售价是商品预售合同中的专业术语，预售价格一般不是最后成交的价格，商品房交售后开始使用的，也要得到批准，以权限部门制定的价格为参考。

第二十一节 什么是一次性买断价？

一次性买断价就是卖方和买方共同商定的价格。一次性买断价格是房产销售合同中的专有名词，确定以后，买方和卖方都要按照规定承担相应的职责，不能随便更改。

第二十二节 什么是容积率？

所谓容积率，实际上指的是在建设用地中，建筑总面积、用地面积这两者的比值，通常以小数来表示。需要注意的是，对于一些底层建筑，如地下车库等，计算容积率时可忽略。如果容积率较小，就表明具有较高的居住质量和较好的生活体验。

建设用地面积也称作总占地面积，城市规划行政主管部门规定的建筑面积中的水平投影面积，并不包含代征地的面积。

总建筑面积可以称作建筑展开面积。就是建筑物的各个楼层的水平投影面积之和，其中包含三种面积，分别是使用面积、辅助面积和结构面积。

使用面积是建筑物的每个楼层平面中的面积以及生产或者生活的总计面积的和，居住建筑的使用面积也可以称作居住面积。

辅助面积主要包含各个楼层，可以辅助生活的活动场所的面积相加，例如居住的楼梯等。使用面积加上辅助面积，称作有效面积。

结构面积的计算方式是将墙和柱等结构所占面积相加。

第二十三节 什么是建筑覆盖率?

建筑覆盖率也叫作建筑密度,主要是在项目用地的范围之内,所有的建筑的基地总面积以及规划面积之间的比例,能够体现出住宅小区的空地与建筑物之间的距离。

住宅小区的建筑密度是通过小区的楼房分布决定的,绿地所占的比例,防震、防火等对于住宅建筑的分布要求以及楼层的高度、房间间距等各项因素。正常情况下,平均建筑的楼层同建筑密度呈反比,正常小区的建筑密度都会低于40%—50%。

第二十四节 什么是绿化率?

绿化率更加详细的解释叫作"绿化覆盖率",就是项目规划计划的绿化面积同建设用地面积之间的比例。绿化就是将开发商的楼盘绿化含义宣传,没有具体的参考的法律法规。法律法规中准确地指出,对楼盘绿化含义所要参考的国家准则就是绿地率。

第二十五节 什么是绿地率?

绿地率就是居民区的用地范围中绿地的面积同居民居住的环境之间的比值。绿地率中所提到的"居住区用地范围内各类绿地"中包含公共绿地等。

第二十六节 绿地率与绿化率的区别是什么?

绿化和绿地的区别,体现在"居住区用地范围内各类绿地"的含义的理解层面上。绿化率的专业性语言叫作"绿地率",同开发商所说的"绿化率"是不一样的,开发商口中的实际上就是"绿化覆盖率"。绿化覆盖率所包含的范围较大,只要是长草的地方都能够叫作绿化,因此绿化覆盖率会比实际的绿化率高。计算绿化覆盖率中所包含的绿地,就是存在草皮的就能计算其中,因此,绿化覆盖率可以达到60%,甚至超过60%。

第二十七节 住宅配套设施主要包括哪些类型?

住宅配套设施就是为了使城镇居民居住的环境安静、舒适,所配备的住宅附属设施。住宅配套设施其中包含多种系统,根据住宅规模将其分为如下几种。

(一) 住宅基本生活单元的配套设施

人口总数在3000人左右的住宅群,小区中的基础设施应有商店、文化室等。

(二) 住宅小区的配套设施

总人数高于1万人的住宅群,小区中应包含的基础设施有托儿所、幼儿园等。

(三) 居住区的配套设施

人口总数达到4万—5万人,小区中的基础设施应有医院、门诊部、银行等。

第二十八节 什么是建筑面积?

住宅建筑面积就是外墙包围构成的水平面积,统计高层或者多层的面积计算总面积时,往往表示各层建筑面积之和。在计算建筑面积时,除了可用于居住的面积之外,还包括柱体、走道的面积和公摊面积。

第二十九节 什么是使用面积?

住宅使用面积指的是各层直接用于住户居住的净面积之和。通常情况下，使用面积能够将实际使用情况真实地反映出来，对住宅交易而言，房价往往不会按照使用面积来计算。

第三十节　什么是居住面积？

住宅的居住面积就是每个住宅建筑中每个楼层的住户采用的居室净面积相加。净面积中不包含墙、柱等面积。多数将其作为平衡居住水平面积的标准。

第三十一节　套型建筑面积和套内建筑面积分别指什么？

套型建筑面积实际上就是指商品房的建筑面积，也叫作分户建筑面积或者最简单的建筑面积，套内建筑面积和分摊的共用建筑面积相加，用公式表示就是：套型建筑面积＝套内使用面积＋套内墙体面积＋套内阳台建筑面积＋公摊面积。

套内建筑面积的含义是运用单元计算的形式算出最终的建筑面积，也就是单元门以内的建筑面积。用公式表示就是：套内建筑面积＝套内使用面积＋套内墙体面积＋套内阳台建筑面积。

套内建筑面积是计算实用率的分子，也叫作实用面积，是业主私有的面积。同套内使用面积相对比，套内建筑面积更可以将业主私有部分的产权体现出来，所以当前房地产买卖合同都是以套内建筑面积作为计价的形式。

第三十二节　什么是套内使用面积、套内墙体面积和套内阳台建筑面积？

套内使用面积就是房屋内可以利用的总面积，但该面积中不包含墙体等结构面积。套内使用面积包含套内房屋，运用水平投影面积计算出最终的面积。套内使用面积就是计算使用率中的分子，也可以叫作地砖面积或者地毯面积。

套内墙体面积就是套内使用空间周围的围护和承重墙体所占据的面积，分为两种，一种是共有墙，另一种是非共有墙。每一套之间的分隔墙和套与公用建筑面积之间的分隔墙和外面的墙体都是共有墙，共有墙的墙体计算应按照水平投影面积的一半，加入套内墙体面积之中。共有墙的墙体水平投影面积也要加入整体的面积中。内墙面装修的厚度也要加入墙体总面积里。

套内阳台建筑面积参照外围以及房屋围墙里的水平阴影面积算。一般封闭的阳台都会以其水平投影算到最终的建筑面积，如果不是封闭的阳台，那就以水平投影的一半计算建筑面积。

第三十三节　什么是公用建筑面积和分摊面积？

公用建筑面积就是所有的产权人共同要使用的建筑面积，亦可称为共有建面，具体而言，为居民交往和生活提供便利的楼梯、走廊、水箱等所占面积均应计入。值得注意的是，和本栋建筑没有直接相连的公用建面，无须分摊至住户。

分摊的公共面积包括整个楼的大堂部分、走廊、过道、电梯等，还有一些具有企业功能的也是为建筑服务的设备用房；共用建筑面积同套房之间的分隔墙和外部的墙体面积都是水平投影面积的一半。

不算入公用建筑面积的包括仓库、机动车库、独立使用空间，售房单位自营，等等。

分摊共有建面指的是每套商品房依法分摊的公用建面，亦可称为公摊面积。

分摊的公用面积＝套内建筑面积×公用面积分摊系数。

公用建筑面积分摊系数＝整栋建筑物的公用建筑面积÷整栋建筑物各套套内建筑面积之和×100%。

第三十四节　房屋预测面积和房屋实测面积分别指什么？

房屋预测面积就是商品房期房在销售的过程中，参照国家相关规定，房地产主管机构选出能够具备测绘资格的测量机构，参照施工图样、实地考察以及国家测量规范对还没有动工的房屋面积进行预测的行为，是房地产开发企业将房屋合法销售的面积依据。

房屋实测面积就是房屋建造工作结束之后，工程规划以及相关部门审核通过，房地产开发企业根据国家规定的具备测绘资格的测绘机构根据图样、预测数据以及国家测绘的标准对楼房进行实地勘测、计算而得出最终的面积，这是房地产开发企业同业主之间进行房产交易的重要法律依据，同时也是业主办理产权证、结算物业费用等相关费用的参考。

第三十五节　为什么房屋预售面积和竣工面积存在差异？

预售面积就是严格参照建筑设计图上尺寸计算得出的商品房建筑面积，这些仅供在商品房预售的过程中使用。

竣工面积就是商品房建造结束之后实际测量的面积以及用与竣工商品房尺寸相符合的建筑设计图计算的面积，是商品房交易、租赁等重要参考依据。

一些商品房的竣工面积与预售面积是不同的，原因主要包括下述几点：

（1）建筑物的有些内容做了修改；

（2）在施工过程中，没有参照建筑物的原计划施工；

（3）施工出现严重的错误；

（4）竣工之后的商品房的面积功能发生改变；

（5）超出正常施工的预测范围。

第三十六节 套内建筑面积售房和建筑面积售房有什么不同？

套内建筑面积售房，交易面积参照的因素是套内建筑面积，根据套内建筑面积得出最终的房子的价格，同时公有建筑面积的建设费用也会加入总套内建筑面积里，不对其进行单独的计价，并且购销合同之中明确记录这个商品房项目的总公有建筑面积和本单元所要分摊的公有建筑面积，它的权属是掌握在产权业主的手中，单位和个人都不能私自占有。

建筑面积售房，就是将套内建筑面积以及分摊公有建筑面积的和作为最终的交易面积，以建筑面积计算出最终的房价。因为存在分摊的公有建筑面积，使得售房面积更加复杂，非房产测绘的专业技术人员不能准确地掌握分摊的公有建筑面积的准确性，使得购买者不能准确地掌握自己购买房屋的面积。

套内建筑面积售房同建筑面积售房相比较而言，房屋的交易总价格是不变的，但是售房的面积是准确的。两者针对分摊的公有建筑面积具备相同的权益。物业管理费执行的标准都是参照建筑面积，物业管理部门收取的费用也是按照建筑面积，采用套内建筑面积进行销售，售房合同以及房地产证上都会明确标注出建筑面积，所以物业管理费用依旧在收取。

第三十七节 使用率和实用率（得房率）分别指什么？

使用率也就是套内使用面积的系数，是当前房地产市场上所要参考的标准，也就是套内使用面积同套型建筑面积之间的比值，可以体现出房屋使用面积，有一定的价值，正常情况下，高层塔楼在70%—72%，板楼在78%—80%。

实用率，是指套内建筑面积同套型建筑面积之间的比值。实用率远远高于使用率。

正常情况下，不带电梯的多层住宅使用率都高于90%，小高层或者是高层带电梯的使用率多数都超过80%。

高层住宅平面图，购房者可以参照下述公式计算实用率。

实用率 =（套内面积 + 1/2 阳台面积）/（套内面积 + 1/2 阳台面积 + 分摊面积）

实用率更多地表现在楼房买卖得到销售单张以及广告中。每一个楼房，商品房的实用率同单价之间呈反比。

第三十八节 什么是得房率？

得房率就是能够提供住户支配的面积与每户使用的建筑面积之间的比值。

套内建筑面积 = 套内使用面积 + 套内墙体面积 + 阳台建筑面积；

套（单元）建筑面积 = 套内建筑面积 + 分摊公用建筑面积。

得房率指的是可供支配的面积与建面的比值。在房屋购买之前，最重要的指标是得房率。如果得房率较高，就意味着公共面积较少，这样的环境会让住户觉得非常压抑。根据实际交房情况来看，对高层住宅而言，得房率约为72%；对多层住宅而言，得房率约为88%。公共部分显得非常宽敞，分摊面积相对较小，显得非常实惠。

第三十九节 什么是阳台？

阳台，就是永久性具备上盖、有维护结构的、能够同房屋相联系的房屋附属设施，可以为居住者提供室外活动等空间。基于是否封闭能够将阳台分为两种，一种是非封闭阳台，一种是封闭阳台；根据墙体与墙体之间的关系，可以将阳台分为两种，一种是凹阳台，一种是凸阳台；从空间位置上进行划分，可以分为两种，分别是凹阳台和挑阳台，阳台设计要根据下述的角度展开探究。

南向阳台都设计在主卧室或者是客厅，宽度与卧室或者客厅的宽度是相同的，开间的大小也是相类似的，长度会受到不同的因素影响，最终长度也不同，分为三个等级，分别是南 1.2m、1.5m、1.8m，垂直栏杆的净间距大于 0.11m，北方地区设计的阳台都是封闭性质的。

北向阳台多数是全封闭的，是厨房使用，生活阳台中设置洗衣机位、晒衣架。

第四十节　封闭阳台和非封闭阳台有什么区别？

封闭阳台就是在房屋设计和施工之后都是封闭性制度阳台。封闭式阳台都是把阳台栏杆扶手之下的砖或者其他材料的围护，用玻璃围护，这样阳台不仅可以遮挡风雪，同时也可以让住户单独使用。

非封闭阳台就是在设计或者竣工之后不封闭的阳台。

第四十一节　凹阳台和凸阳台有什么区别？

凹阳台是凹到楼层外墙的阳台。凸阳台就会凸出楼层外墙的阳台。

第四十二节　底阳台和挑阳台有什么区别？

底阳台就是房屋一层的阳台。挑阳台是二层以上的阳台。

第四十三节　阳台和飘窗如何计算建筑面积？

（一）阳台建筑面积

（1）过去多数都会选择较为封闭的阳台，通过计算外围的水平投影面积最终统计出总建筑的面积。

（2）挑阳台（底阳台）的计算方式是按照底板水平投影面积的二分之一。

（3）凹阳台的面积计算是净面积的二分之一。

（4）半挑半凹阳台，计算面积的方式挑出的部分采用底板水平投影面积的二分之一，凹进去的部分面积计算是整体建筑面积的二分之一。

(二) 飘窗建筑面积

飘窗不算入建筑面积中。但是外飘窗的面积从窗台的面开始计算，2.2m 的就要计算建筑面积。

第四十四节　住宅的开间和进深分别指什么？

住宅开间实际上就是房间的宽，计算方式就是房屋中两个墙皮之间的长度。住宅的开间一般都保持在三米到四米之间，砖混结构的住宅开间低于 3.3m。有的开间比较低的，可以使楼板的空间增加，使住宅机构更加稳固。

如果开间比 5m 高的，进深比 7m 长的住宅，一般面积都保持在 40 平方米，有的房屋的空间会更大，与一些建筑面积相同但是开间却小的房屋比较，房屋的使用面积是有所提高的，装修的面积也会变得更大。

住宅的进深实际上就是房间的长，是指单独的房间或者是移动的居住建筑两个墙面之间的比值。一些进深比较大的住宅，建筑的面积就会有所减少，为了使房间采光更好，能够保证通风，很多购房者都会明确提出对进深的要求，但是也要控制在一定的范围之内。目前，我国最普遍的进深要求在 5m 左右，不可以随意地加大。

第四十五节　什么是定金？

所谓定金，实际上指的是购买双方为推动债务的顺利履行，经双方商议，当事人先支付部分货币。通常情况下，当事人负责约定具体定金数额，不应高于主合同标的金额的 1/5。如果支付定金的当事人未按要求履行债务，就不能提出返还定金的要求；如果接受定金的一方未按要求履行债务，应该按照双倍金额将定金返还。

第四十六节　什么是订金？

一般而言，提前支付的订金就是预付款。考虑到不存在法律效应，因此，当前并未从法律层面上对订金做出明确规定。如果在购房人员已支付订金的情况下，对方仍然违约，那么对方只需将收到的订金退回，无须双倍返还。

第四十七节　什么是违约金？

所谓违约金，实际上指的是违反合同、法律相关规定，违约方应通过货币的形式支付给对方。违约金属于经济制裁，既具有补偿性，还带有一定的惩罚性。如果当事人出现了违约行为，在主观层面上存在过错，不管是否导致对方出现损失，都应支付违约金。

第四十八节　住宅的层高指什么？

所谓层高，实际上指的是按层进行计量的住宅高度，国家对住宅高度提出了明确的规定。一般而言，指的是两层楼的结构标高距离，常规住宅层高应控制在 2.8m 左右。

第四十九节　住宅的开间指什么？

在设计住宅的过程中，宽度通常指的是房屋内侧墙皮到另一侧墙皮的距离。通过这种方式所测量的宽度是相对自然间而言的宽度，所以，又可称为开间。通常情况下，住宅开间大小在 3—3.9m 这一范围内。对砖混结构而言，开间大小应控制在 3.3m 以内。如果开间尺度较小，可将楼板空间跨度缩小，使得住宅整体结构更加科学合理，具有良好的抗震性能，非常稳定。

第十一章

购房合同基本常识与陷阱

第一节 什么时候用预售合同？

如果房地产已获得预售许可证但还没有通过竣工验收，在销售过程中，应该选择预售合同。需要注意的是，在预售许可证上，有效期是指预售房地产的期限。

第二节 什么时候用现售合同？

如果房地产已通过验收并投入使用，在完成初始登记手续之后，在销售过程中，应该选择现售合同；在有效期到期的情况下，如果房地产销售与现售合同条件不一致，开发商需要对预售许可证进行重新申请，只有重新获得预售许可证之后，才能继续销售。

第三节 合同有没有建筑及装修质量标准的细则？

由于投资人员购买的不是现房，以期房为主，因此，在购房过程中主要参照图纸。外住房建设完成后，开发商关于外墙颜色、所用材料、内墙是否涂好涂料的说法很难成为交易过程中的约定内容，无法得到法律的保护。通常情况下，很难见到建成后房屋面积与图纸一致的情形。如果建成后的面积更大，购房人员需要补缴房款；如果建成后的面积更小，而合同未做明确约定，很难让开发商退钱。若合同未对装修标准给出明确的规定，购房人员在接收时，很有可能发现房屋是空壳子。

第四节 合同有没有规定发展商延期交房的具体罚则？

建设房屋时极有可能遇到很多困难，受到施工、材料等因素的影响，无法在规定期限内交房。如果合同没有对此做出明确罚则，购房人员的计划很有可能被打乱，而且自身利益得不到保障。所以，购房人员有得到经济补偿的权利。在期房的购买过程中，签订合同时，应该明确约定这一条款，这是不可或缺的重要内容。

第五节 合同中有关房屋面积方面的条款有哪些？

在期房的购买过程中，签订合同时，购房人员应该标明建筑面积，除了共用面积和使用面积之外，还应该标清楚二者的比例。除此之外，在合同中，还应标明所购房屋在整栋楼中所处位置、房间号、单元平面图等内容。

第六节 合同中关于价格、收费、付款额方面的条款有哪些？

对常见合同而言，价格条款相对明确，如每平方米的单价、开发商所要求的税费和款项、购房人员要求的销售证明文件等。如果收费依据不合理，如开发商委托中介产生的费用、银行手续费等，购房人员有权拒绝这些费用。

第七节　在合同中，有关房屋质量的条款中容易产生纠纷的地方有哪些？

签订合同时，购房人员必须详细标明质量要求。具体而言，主要包括：

（1）建材配备和房屋设备清单；
（2）抗震等级；
（3）厨房、卧室等装修标准；
（4）水电气通畅，门窗家具没有任何瑕疵；
（5）房屋内外质量要求；
（6）附属设备、保质期。

第八节　一般承担违约责任的违约事项包括哪些？

（1）未按期交房；
（2）未按期缴费；
（3）装修质量和标准达不到条件，未按要求进行保修；
（4）缺乏公共设施；
（5）未在规定期限内完成过户手续；
（6）未兑现宣传中的承诺事项；
（7）面积变动高于约定幅度。

第九节　怎样正确认识预售合同中发展商制定的格式文本？

如果格式条款存在下述情况，或格式条款提供方免除责任、排除对方权力，该条款无效。

第一，采取不正当手段蓄意串通，对集体、国家利益造成损害。

第二，通过胁迫、欺诈的方式签订合同，对国家利益造成损害。

第三，对公共利益造成损害。

第四，采取合法手段将非法目的掩盖起来。

第五，伤害对方人身安全而免除责任。

第六，与法律法规的强制规定不符。

第七，由于故意、重大过失使得对方财产出现损害而免除责任。

第十节 补充协议的各条款如何签？

补充协议签订之前，应和开发商就下述事项做出明确的约定。

第一，写明情况。在补充协议中，标明"本协议条款若违背法律法规，应以法律法规为准"。

第二，负责批文的真实性。开发商应该承诺主体资格、批准文件具备真实性，如果出现不实情况，应该按照违约方式进行处理，此时，购房人有提出退房的权利，出卖人将已收房款全部退还，同时按约定支付违约金。

第三，确定土地使用情况。要求开发商不对物业、土地面积进行抵押，也不承诺留置权。购房人员应该要求开发商提供土地抵押、转让等相关证明文件。若无法给出证明材料，或这些情况还没有处理完成，应该引起足够的重视，小心谨慎。

第四，明确获得产权证的时间。合同应该将发放产权证的具体时间明确出来。现阶段，受到不同因素的影响，产权证需要较长时间才能发放，但需标明合适时间。开发商不应无限期延迟发放产权证。

第五，明确付款方式。如果购房人通过按揭方式购房，应该在合同中约定，在无法获得按揭贷款的情况下，购房人应采取何种方式付款。如写清楚如果不是购买方主观因素导致无法获得贷款的，销售方应该将已交房款全部返还。

第六，补充内容。对合同中没有涉及的权利、税务等事项进行补充。

第七，补充修改内容。对不符合正式契约的解除条件、合同变更等内容，添加在补充协议上，同时还添加双方需要约定的内容。

第十一节　开发商不让签补充条款怎么办？

商品房买卖合同要在买卖双方平等的基础上签订。如果开发商不允许购房者在合同中增加补充条款，那么购房者可以不购买这个开发商的房子。但是如果是在购房者缴纳定金的过程中，没有在开发商认定书中标注出"如果因为商品房买卖合同条款不能统一，购房者可以退房，开发商要将定金全额退还"的条款，那么购房者在将定金缴纳之后，开发商不赞同购房者在合同中备注补充条款，这种情况下购房者是处于被动地位的。

所以，购房者最好在交付定金之前，要让开发商展示出商品房买卖的合同，同时与开发商共同探讨买卖合同的条款，达成一致的意见之后，才可以缴纳定金，或者可以在缴纳定金的认购书中要求开发商标注出以上要求。

第十二节　购房合同有哪些公证须知？

购房合同必须进行公证，因此，购房人员应该弄清楚公证的具体内容和相关手续，应该针对哪些内容进行公证、需要提供哪些材料等。

公证指的是当事人申请后，国家公证机关按照法律规定或法律文书，明确合法性、真实性的活动。公证的主要目的是对当事人权益、权利等进行保护，防止出现纠纷现象，尽量避免诉讼。

第十三节　在签订合同时应注意哪些事项？

第一，查看项目证件有没有缺失：签订合同之前，要看证件是否准备得齐全，这是办理房产证的关键步骤。

第二，获得房产证的时间：应在合同中明确写出获得房产证的最迟期限。除此之外，要在合同中标明如果在期限之内没有拿到房产证的，属于开发商违约的行为，这种情况下，业主可以申请开发商将已经缴纳的房款退回。合同中应明确标注所购买的房屋的质量保证。

第三，文本是不是符合标准：应使用房地产管理部门共同印刷的标准房屋买卖合同文本，同时要严格按照文本之中列出的条款填写。

第四，合同双方权利是否平等：签订合同时，要看合同中所规定的双方的权利和义务是不是相同的。有一些开发商会提前将合同的文本填好，甚至将"补充协议"也都填上。事先填写的合同文本多数情况下都存在着权利和义务不平等的问题。购房者如果发现存在上述问题，就要及时地提出，不能含糊。

第五，面积差异的处理方式：要在"面积差异处理"的条款中将误差处理的方式也明确指出。要在合同中明确将所有的内容都进行准确的制定，以备后顾之忧。

第六，相关约定：要在合同中针对付款的数额、权限以及违约责任等进行明确的规定。除此之外，要针对具体的交房日期进行规定，要将交房日期准确到具体"某年某月某日"前，同时写出如果开发商不能按时交房的处理方式。房屋的档次和标准多数都以附件的形式放在购房合同上，内容要表达得清晰、准确。例如房屋装修材料的品牌等，与水、电相关的设施安装到什么程度都要明确。

第七，法律保护：签订购房合同之前，可以请一个律师从法律的角度审查合同，确保合同的万无一失。

第十四节　新房购房合同包括哪些内容？

（1）开发商的土地依据和商品房的情况：例如地理位置、整体面积等。

（2）付款约定：其中包含优惠制度、付款时间、付款总额度等。

（3）房价：包含税费、面积差异处理等。

（4）支付约定：约定交付的时间、延期的责任等。

（5）产权登记同物业管理之间的商定。

（6）保修维修的义务。

（7）质量标准：包括装饰等。

（8）乙方提出的使用的要求。

（9）双方共同商议明确使用的争议仲裁部门。

（10）如果出现违约，责任的分配问题。

（11）与其有关的其余事情以及附件，其中包含：房屋平面建筑、装饰等。

第十五节　合同签订后，房屋就属于买方了吗？

按照《物权法》相关规定，在买卖房屋的过程中，若未在房产主管机构完成登记手续，买方就没有获得房屋所有权。即使钱房两清，但未登记，从法律层面上来看，卖方仍持有房屋所有权。正是因为如此，在买卖房屋的过程中，必须依法完成登记手续，只有这样，买方才拥有房屋所有权。

第十六节　签订"阴阳合同"有何坏处？

阴阳合同就是指当事人在同一件事情上签订了两份合同，一份是对内的，一份是对外的。对外合同主要是交给税务机关的，这样可以减少政策的管理，从而减少税收；对内的合同才是双方真正签订的合同。

这种方式是违法的，守法者这样会承担更多的税收，有悖于公平的原则。为当事人带来一些不正当的收益，但是也带来了很多的风险，具体内容如下。

第一，虚假合同使双方的利益受到损害。有些买方根据虚假合同将全部金额支付给卖方之后，便提出卖方办理产权过户手续，同时还上报法庭，严重损害了卖方的实际利益，买方在将这个房产售卖后，因为扣除的成本少，使得税负变多。

第二，当事人可能面对的是罚款，严重情况下面对的是刑罚。参照我国《税收征收管理法》的规定，纳税人利用虚假的手段少缴或者不缴税款的，是偷税的行为，税务机关追缴的税款是原应缴纳税款的5倍。

我国《刑法》中还做了详细的规定，纳税人利用欺骗、隐瞒等方式进行虚假上报或者不上报的，少缴纳税款占应缴纳税款的10%以上的，判处3年以下有期徒刑或者拘役，并处罚金；数额巨大并且占应纳税额30%以上的，处3年以上7年以下有期徒刑，并处罚金。存在第一种行为的，得到税务机关按照法律下达的追缴通知后，就要将税款缴纳，已经接受了行政处罚的，不追究法律责任。但是，五年之内因为逃避税款受到刑事处罚超过两次的排除。

第三，虚假合同有损买方利益。虚假合同使得合同没有法律效力，并且也会导致买方不能得到高额的贷款，并且买方还要增加首付款的金额。未来买家出售房屋时，就要承担更多的个人所得税等。

第十七节　怎样查验开发商的合同主体资格？

按照我国现行法律，在不具备主体资格的情况下，所签订的购房合同无效。在签订合同前，购房人员要对开发商主体资格进行查验，具体而言，主要包括以下内容。

第一，买房者和房屋产权人是否一致。房屋产权人、卖房单位这两者必须完全一致。对期房交易而言，必须持有预售许可证。

第二，销售、开发单位和所有权人是否相同。在房屋的购买过程中，需要对开发商、销售商的资料进行检验，并判断是否与所有权人保持一致。如果出现了不一致的情况，可立即停止。

第三，对一、二期是否均具备预售资格进行查验。一期获得预售许可，并不意味着二期也获得了预售许可。

第四，总公司、分公司是不是都具备合法的销售权。在达成购房意向签订合同时，如果签订合同的开发商是下属分公司、销售公司，但没有获得总公司法人签发的书面委托文件，在这样的情况下，无论是分公司，还是销售公司，都没有权利对房屋进行销售，也没有权利在合同上签字。

第五，签约人有没有资格签字。在预售、销售商品房的过程中，公司法人应为合同签约人，若业务员、销售经理作为销售方代表，在合同上签字，应该提交公司法人委托代表签约的书面文件作为附件。

第六，中介是否具备正式委托证明。一方面，代理公司应具备相应的资质，如房地产管理部门下发的资质、工商部下发的经纪人证书；另一方面，代理应该获得工商部下发的营业执照。

第十八节　签订期房合同需要注意什么？

（1）开工日期。期房合同之中应将楼盘的开盘日期准确标注，如果没有准确标注，开发商可能会迟迟不开工，那么工程的速度以及最后交房的日期也就更无法确定了。

（2）工作日。期房合同中应明确标注出准确的工作日，这里说的工作日是排除不能工作的假日、周六周日等。

（3）完工日。应在合同中明确标注完工的具体时间。

（4）延误工期。在工作日约定的时间之内，排除不可抗力因素，受到人为因素导致延期开工的，要在合同中准确标明要赔付的违约金。

（5）缴款时间。购房者可以在合同上明确写出两次缴款期间的时间间隔。

（6）合同事宜。购房者在合同上标出，开发商延期，在怎样的情况下不预付进度款。

（7）建材。有些开发商为了支付最低价格，会在材料上做手脚。所以，期房合同上要对房屋建材以及设备的型号、价格和厂家做明确的规定，将其作为验收的参考。

第十九节　商品房合同网上备案有哪些注意事项？

签订商品房合同时，需在网上备案，在这个过程中，必须保管好密码。一些购房人员不熟悉网上备案系统，在网上进行签约备案时，没有自己设定密码，而且选择让开发商设置，还有些购房人员直接委托律师来签订合同，这种做法的风险非常大，根本无法保障自身权益。绝大多数购房人员觉得，对合同条款、约定等进行审核之后，在双方认为无误的情况下，将合同保存后，就无法再次修改。事实上，这种观念不正确。开发商、购房人员完成网上合约签订后，若没有点击提交，已被保存的合同会在八个小时之后自动提交。在这段时间内，即使将合同打印出来，若未将网上签订的合约提交，由于开发商掌握了双方的密码，可以登录系统，就能对合同条款进行修改。

除此之外，网上签约时应该亲自设置密码，后续在网上办理按揭贷款等手续时，还需使用该密码。正是因为如此，购房人员应独立设定密码，不被其他人员看到。与此同时，双方在确定合同条款内容，签约并保存后，最好当场提交，并将备案登记证明打印出来。在该手续完成后，就不能再次修改网上的备案合同。

值得一提的是，购房人员后期若需委托代理机构、开发商在网上完成按揭贷款手续，需提供密码，此时应该通过书面的形式提供委托书，将密码丢失所造成的后果、责任等明确下来，切实保障个人权益。

第二十节　如何办理二手房买卖合同公证？

二手买卖合同的公正要在当地的公证处办理。办理环节有以下几步：

（1）买卖双方应一同到公证处提出公证申请；

（2）公证员对当事人上交的材料细致审查；

（3）公证员第一步审查之后，没发现问题，并且符合公证受理的要求，便可以通知当事人来填《房屋买卖合同公证申请表》，根据规定上交公证费用；

（4）公证员重点审查的内容是当事人之间的买卖契约是否符合标准；

（5）公证员要依据买卖双方的现实情况和买卖合同，根据《公证程序规则》中所提出要求与买卖双方谈话，并将谈话内容详细记录；

（6）公证员对二手房交易的每个环节都要进行仔细审查；

（7）公证员出示房屋买卖合同公证书。

第二十一节　二手房买卖合同包括哪些内容？

根据我国《合同法》中的规定分析，二手房买卖合同中包含下述几项内容。

（1）当事人的基本情况。了解清楚当事人到底是什么情况，例如姓名、地址等，避免诈骗。买卖双方都要对对方十分了解，应进行简单的调查；标注出是否共有财产、是否夫妻共有财产等内容。

（2）标的，即买卖的房屋。应将房屋所在的位置、面积大小、装修等情况都细致地写出；是否征得房子的原产权单位的同意；有没有抵押贷款等行为；有没有私搭乱建；房屋的物业费用有没有结清；房屋相关文书资料的转交；等等。

（3）价款。这是非常关键的内容，要准确标注出房屋的总价格、付款方式、怎样按揭还款以及尾款等内容。

（4）履行期限、地点、方式。明确标注出交房的时间和条件；严格遵守二手房买卖合同中的内容；买卖双方是否得到律师的咨询等服务；税费以及相关费用怎样分摊；当价格波动时，怎样处理等问题。

（5）违约责任。明确标注出什么情况是违约的；怎样承担违约金；定金、赔偿金什么时候给；什么情况下可以免责；担保的方式；违约金的选择适用；等等问题。

（6）解决争议的方式。是指未来存在争议该采用哪种解决的方式，是仲裁方式还是诉讼方式。应关注的问题是，如果双方都决定采用仲裁的形式解决，那么就要参照我国《仲裁法》中的规定列出的相应的条款。

（7）合同生效条款。双方共同商定合同生效的时间；生效或者失效的条件；当事人不可以为了满足自己的利益而影响条件；合同的生效以及失效日期；导致无效合同的情况；当事人要求变更合同的原因；合同失效之后的资金返还形式。

（8）合同中止、终止或解除条款。参照《合同法》中的规定，当事人可以中止、终止或解除房屋买卖合同。应在其中标注出合同中止的原因；上述的内容都要遵循通知、协助等义务；解除权的行使期限，合同中止之后，怎样将财产返还。

（9）合同的变更与转让。根据约定的要求进行，制定的合同转让的形式都不可以私自地更改。约定合同变更和转让的条件或是不能随意改变转让的禁止条款。

（10）附件。在合同上附着的不在合同之内的内容，附件的主要作用，等等。

第二十二节　已经变更产权登记的买卖合同能够解除吗？

根据我国现有房屋产权登记制度来看，如果交易双方达成购买房屋的意向，需要签订合同，在房屋交付后，在土地、房管部门完成产权变更手续的办理，此时，双方就具备房屋所有权。

此时，若一方后悔，想对已签订的合同进行解除，法律对此不支持。但民事合同是双方针对买卖交易签订的合同，体现了双方的自治意思，在不背离法律规定的情况下，只要不对公序产生危害，在双方一致同意的情况下，可约定合同解除的条件，在满足这些条件的情况下，可解除合同。解除合同后，房屋所有权由出卖方持有，应该完成产权变更手续。而买方交付的房款，应由卖方全数返还。

按照已有法律的规定，如果出现以下情形，可对房地产买卖合同进行解除、变更等操作。具体而言，主要包括：（1）在双方协商一致的情况下，不会对其他人和国家的利益造成损害；（2）不可抗力因素使得房地产交易不能按照合同履行，或无法全部履行；（3）由于一方违约，使房地产买卖合同的履行是非必要的；（4）发生解除、变更买卖合同的条件。如果双方经过协商，同意对合同进行解除、变更等操作，在这样的情况下，应该通过书面的方式签订协议。

签约一方在出现后三种情形时，需要对合同进行解除、变更操作，应立即通知对方。如果买卖合同的解除、变更使得一方出现严重损伤，过错方应该按约定予以赔偿。

第二十三节　房产买卖合同什么情况下是无效的？

（1）由于欺诈导致商品房转让。
（2）优先购买权被侵犯。
（3）土地、房屋的转让是分开的。
（4）转让商品房时，土地使用权的转让违背了法律法规。
（5）违法预售。
（6）法律明确禁止转让的情形。

第十二章

房地产税费常识

针对一些刚刚接触买房的人来说,买新房和二手房都要缴纳哪些税款、税率又是一个非常困难的问题。如果不提前了解相关内容,会在购房环节中出现问题而遭受损失。

第一节 什么是房产税?

房产税的主要征收对象是房屋,根据房屋的计税余额以及出租房屋的租金作为参照,向房屋的产权人所征收的税种。换句话说,就是房子拥有的越多,上交的税款越多。一些没有出租的房产,它的计税余值是:以房产原值一次性减去10%—30%后的剩余价值,税率为1.2%。按租金作为计税依据的,税率为12%。

表12—1　　　　　　　房产税计算方法

依据	计算公式
以房产原值作为计税依据	应纳税额=房产原值×(1-扣除率)×税率(1.2%)
以房产租金作为计税依据	应纳税额=房产租金收入×税率(12%)

第二节 什么是契税?

契税就是房屋所有权发生改变以后,当事人制定的契约是以房价的比例向新的产权承受人征收的税。

契税主要是因为房地产产权变更征收的一种税。是对个人或者私营企业购买、承受赠予或者交换的房屋征收的契税。

第三节 什么是印花税？

在房地产交易的过程中产生的印花税，就是房地产买卖、房屋产权发生变动而书立的房地产凭证的单位或个人征收的税款。

房地产交易过程中的印花税的纳税人是房地产交易中的凭证，也就是在房产产权转移过程中制定的各种产权转移书，例如房屋买卖、继承等产权转移的环节。

正常情况下买卖合同的印花税为0.05%，房地产产权证的印花税是5元，卖方和买方都要缴纳这笔费用。

第四节 什么是个人所得税？

房地产交易过程中产生个税就是房屋拥有者把房屋的产权转移、出售或者其他形式所得到的资金，将收入作为主要的参考征收的税种。

第五节 哪些房产需要缴纳个人所得税呢？

第一，从2006年7月开始，排除个人转让唯一的自己居住并且超过5年的住房不征收个人所得税之外，其他的都要缴纳个人所得税。

第二，除了上述情况之外，剩下的个人所得税的缴纳情况如下。

1. 非居住用房（一般包括商铺、停车场、写字楼等）

（1）可以拿出购房发票的，按照实际情况征收。需缴纳的个人所得税 =（转让收入 – 房产原值 – 合理费用）×20%。

（2）没有购房发票的，核定征收，需缴纳的个人所得税 = 转让收入 ×7.5% ×20%，即转让收入 ×1.5%。

2. 居住用房

（1）不管是不是普通住宅，可以拿出购房发票的，据实征收，需缴纳的个人所得税=（转让收入–房产原值–合理费用）×20%。

（2）不可以拿出购房发票的，核定征收，需缴纳的个人所得税=转让收入×5%×20%，即转让收入×1%。

第六节　什么是土地增值税？

第一，房地产中的土地增值税，就是房地产所有人在有偿转让房产、地上建筑物的过程中，按照转让房产获得增值额向国家上缴的税款。

第二，房地产中的土地增值税的纳税对象是有偿转让房地产所得到的增值额，包括：

增值额=纳税人转让房地产取得的收入–规定扣除项目金额；

转让房地产获得的收入有转让房地产的价款和与之有关的经济利益，其中包含：货币收入、实物收入等。

扣除项目为：

（1）获得土地使用权支付的款项；

（2）开发土地过程中的支出；

（3）新建住房以及与之相配套的成本、费用等；

（4）在转让房地产过程中产生的税金；

（5）财务部规定的其他的扣款项目。

第三，需要缴纳的土地增值税=增值额×税率，我国土地增值税实行四级超额累进税率。具体见表12—2。

表12—2　　　　　　　　我国土地增值税税率

增值税范围	税率	应纳税额
增值额未超过扣除项目金额50%的部分	30%	土地增值额×30%
增值额超过扣除项目金额50%，未超过扣除项目金额100%的部分	40%	土地增值额×40%–扣除项目×5%

续表

增值税范围	税率	应纳税额
增值额超过扣除项目金额100%，未超过扣除项目金额200%的部分	50%	土地增值额×50% − 扣除项目×15%
增值额超过扣除项目金额200%的部分	60%	土地增值额×60% − 扣除项目×35%

第四，针对获得房产产权的个人来说，免征土地增值税的情况如下。

（1）纳税人的普通标准住房向外出售，增值额没有达到要扣除项目金额的20%；如果增值额超过项目金额的20%，就要按照规定征收全部的增值额。

（2）因为国家的建设，依照法律征用、收回的房地产。

（3）将自用住房转让的不征收税款。个人因为工作变化将自用住房转让的，居住超过5年的，不征收土地增值税；居住在3—5年的，征收二分之一的土地增值税。

（4）个人销售住房暂时不征收土地增值税。从2008年的11月1日开始，针对个人销售的住房不征收土地增值税；个人销售住房暂免征收土地增值税。

（5）继承、赠予等形式无偿转让房地产的不征收土地增值税。

总之，个人购买的房产仅仅是为了居住使用，不需要缴纳土地增值税，有偿转让达到缴纳税款的标准时才需要缴纳。

第七节　房地产交易有哪些费用？

房地产交易过程中应缴纳的费用有：房地产交易手续费、房屋权属登记费、勘丈费、房地产产权证工本费等。

（一）房地产交易手续费

房地产交易手续费也叫作买卖手续费，政府按照法律、房地产主管部门明确规定的房地产交易机构去办理有关房屋相关手续的费用，收费标准根据房屋的面积进行确定，每个地区参照的标准各有不同。

（二）房屋权属登记费

房屋权属登记费可以称作房屋所有权登记费，具有这项权利的是县级及以上地方担任地方政府的房产行政管理职能的部门依法对房屋所有权进行登记，同时严格遵循法律的规定，颁发房屋所有权，要缴纳办理手续的费用，费用大概在100元左右。

（三）勘丈费

勘丈费是由房产测绘机构来收取，费用具有波动性。

（四）房地产产权证工本费

房地产产权证工本费是房产证制作过程中的资金。

（五）中介佣金

中介佣金，就是中介机构向交易双方提供服务收取的费用。买卖双方以低于成交价格的3%支付，出租人以及承租人要将不超过一个月的租金上交。

（六）土地出让金

将划拨的土地权进行转让并且已经得到准许售卖的商品房，卖方要严格遵循下述要求：

（1）已购公有住房和房改房按交易价格的1%收取；

（2）单位住宅，按其网点基准地价的30%收取；

（3）私人住宅（不含经济适用房、安居房等），按其网点基准地价的3%收取；

（4）商业用房，按其网点基准地价的35%收取；

（5）办公住房，按其网点基准地价的30%收取；

（6）工业用房，按其网点基准地价的20%收取，如果是经营性基础设施和经营性仓储用地的，按其网点基准地价的30%收取。

（七）结算面积，补、退房款

房屋的实际面积与合同中规定的面积可能不一致，因此在验收新房的时候要有测绘部门出具的面积实测表来计算出面积的差距。如果面积少，那么业主便可以要求开发商根据合同将少的面积的房款退还到业主的手中。

第八节　什么是公共维修基金？

公共维修基金主要是住宅楼房的公共部分损坏之后用于维修的资金，是对保修期满之后的楼房的公共部分的维修费用。如果业主将房子的产权转移时，剩下的维修资金不退还，房屋所有权转移，这些资金也相应地转移。公共维修基金是在购房时候缴纳的，开发商代收，房管局对其继续监管，不能将这笔资金在其他地方使用。

第九节　购买一手住房需要缴纳哪些税费？

（一）交易过程中所需要缴纳的税费。

（1）手续费。通常情况下，是数百元。地区不同，该项费用金额存在一定的差异。

（2）契税。按照1%—3%的比例缴纳。

（3）维修基金。一般而言，这部分费用在总房款中所占比例在2%左右。

（4）印花税。按照总房款的0.05%进行缴纳。

（5）安装燃气、智能化设备等的费用。

（二）办理产权过程中需要缴纳的税费。

（1）产权证工本费。少则几元，多则数十元。

（2）权属登记费。通常情况下，约为100元。

（3）房产证印花税。按照5元/件的方式缴纳，双方都要缴纳这部分费用。

（三）办理按揭贷款中需要缴纳的费用。

（1）公证费。在贷款总额中所占比例约为0.3%。一般而言，是数百元，缴纳至公证处。

（2）保险费。贷款总额、年费率、年限系数这三者的乘积。年费率是相对成交价而言的,通常处于0.5‰—1‰这一范围内。贷款越长,对应的年费率就会下降,这部分费用缴纳至保险公司。

(3) 办理费。主要由办理贷款的银行确定,约为100元。

第十节　购买二手住房一般需要缴纳哪些税费?

(1) 契税。在总房款中所占比例处于1%—3%这一范围内。契税主要以合同报价为依据。值得一提的是,房管部门对房屋价格进行评估时,如果评估价格高于合同报价,应取评估价格。

(2) 手续费。通常情况下,是数百元。地区不同,该项费用金额存在一定的差异。

(3) 房产证印花税。按照5元/件的方式缴纳。

(4) 买卖合同印花税。在总房款中所占比例为0.05%。

(5) 产权证工本费。少则几元,多则数十元。

(6) 中介佣金。在成交价中所占比例在1%—3%这一范围内。

(7) 合同公证费。在贷款总额中所占比例约为3%。一般而言,需要缴纳至公证处。

(8) 权属登记费。通常情况下,约为100元。

(9) 保险费。贷款总额、年费率、年限系数这三者的乘积。年费率是相对成交价而言的,通常处于0.5‰—1‰这一范围内。贷款越长,对应的年费率就会下降,这部分费用需缴纳至保险公司。

(10) 办理费。主要由办理贷款的银行确定,少则100元,多则1000元。

第十一节　出售二手住房一般需要缴纳哪些税费?

(1) 中介佣金。
(2) 个税。
(3) 印花税。

(4)出让金。

(5)增值税及附加税。

具体需缴纳的税费详见表12—3。

表12—3　　　　　　　　　二手房交易费用

课税对象	课税名称	条件	税率
卖方	增值税及附加税	满2年的普通住宅	免征
		未满2年	5.60%
	个人所得税	满5年且家庭唯一住房	免征
		未满5年或非家庭唯一住房	1%
		未满5年或非家庭唯一住房（售房面积144平方米）	2%
	房改房维修基金	按房屋原价	2%
	土地收益金（出让金）		1%
	买卖合同印花税	以总房款为计税依据	0.05%
	房产证印花税	每件5元，买卖双方均需缴纳	
买方	契税	首套90平方米以下	1%
		首套90平方米以上（含90平方米）	1.5%
		二套90平方米以下	1%
		二套90平方米以上（含90平方米）	2%
		三套及以上	4%
	产权登记费	工本费	80元 每加一本加10元
	贷款评估费	评估费	5‰
	买卖合同印花税	以总房款为计税依据	0.05%
	房产证印花税	每件5元，买卖双方均需缴纳	
	交易费		3元/平方米×面积

注：(1)由于抵押登记及其他权证办理费、中介佣金等收费标准在每个地区有所不同。(2)本表格课税名称、条件、税率有效性仅截止到2020年10月10日。

第十三章

付款方式

第一节 采用哪种付款方式比较好？

在购买房屋时，购房人员可选择不同方式付款，除了一次性、分期付款之外，还可按揭贷款。选择哪种方式付款，既与购房人员的投资偏好相关，也受到筹资渠道的影响。部分购房人员拥有一次性支付的实力，却申请贷款，主要是想通过投资闲置资金获益。如果投资回报率超过贷款利率，这种付款方式就非常有效。在付款方式的选择方面，应该采取合理的方式，对日常开支、自身能力进行估算，再确定适合自己的最终付款方式。

第二节 如何评估自己的还款能力？

购房人员提出按揭申请前，应该对自身经济实力、贷款利率等进行全面评估。主要考虑以下因素。

（1）筹集的资金能否达到首付要求。

（2）对每月还款金额进行综合评估。也就是说，每月收入在扣除支出后，能否达到还贷要求。一般而言，购房人员每月还贷金额不应高于收入的二分之一。

（3）在办理贷款手续时，应该对贷款方案做出合理选择。可提前到不同银行，收集房地产贷款信息，经过综合分析确定最佳方案。与此同时，还要对国家、银行对贷款利率的相关政策引起高度重视，对贷款金额做出相应的调整。

第三节　购房抵押贷款和现房抵押贷款有何不同？

购房抵押贷款指的是银行按揭，指的是购房人员、银行双方针对抵押贷款达成一致的经济行为，购房人员先缴纳部分费用，银行负责代付剩余房款。这样一来，该房产所有权就被购房人员抵押在银行，采取分期方式进行还贷。

现房抵押贷款指的是抵押人对已有房产采取不转移的方式向债权人提供债务担保。

第四节　什么是个人住房公积金贷款？

所谓住房公积金，实际上指的是企事业单位为在职员工缴存的住房储蓄。基于结构分析，分为两种，一种是单位负责，另一种是个人负责。

个人住房公积金贷款指的是资金来源于住房公积金，发放给职工用来办理住房购买所需贷款。该项贷款的利息较低，能申请此项贷款的是按规定完成公积金缴纳义务的员工。值得一提的是，这部分贷款主要是用于住房的购买和修建。

第五节　什么是个人住房商业性贷款？

个人住房商业性贷款是银行按揭，也就是购房抵押贷款，指的是住房购买时，抵押物为购买的具有产权的房屋，并以此为担保，请求银行下发住房商业贷款。这部分贷款主要用于没有缴纳公积金的职工购房。

第六节　什么是个人住房组合贷款？

个人住房组合贷款就是指买房子时，公积金管理中心所提供的资金低于房子总额的情况下，剩下的资金可以采用商业贷款的形式，这两种贷款结合在一起就是组合贷款。

住房公积金管理中心在公积金贷款的下发过程中，往往会限制最高额度。若房款超过最大值，剩余部分需要从银行申请住房商业性贷款，应该选择适宜的组合贷款利率。由于涉及较大金额，绝大多数购房人员会选择组合贷款。

第七节　个人住房商业性贷款和住房公积金贷款有什么不同？

个人住房商业性贷款以及住房公积金贷款都是对于购房者资金不够的情况下发放的贷款，但是两者还存在不同之处。

（一）贷款对象不同

住房公积金贷款主要是针对住房公积金的缴存人以及汇款单位的退休工人，住房商业性贷款的对象是具备民事行为能力的自然人，他没有具体的指向性的群众，所以它的对象范围是非常大的。

（二）贷款额度不同

金融机构在发放住房抵押贷款时，最高贷款要低于购房贷款的80%（根据各个地区的实际情况），但住房公积金管理机构发放的住房抵押贷款的最高额度不仅要低于购买住房评估的价值，同时也有最大的贷款限额。

（三）贷款利率不同

公积金贷款的利率是基于国家规定的住房公积金利息利率，再加上规定利差。一般来说，住房公积金的管理机构发放抵押贷款的利率低，这是一种比较合适的贷款方式。

第十四章

住房公积金贷款

第一节 申请住房公积金贷款需要符合什么条件?

购房者申请住房公积金贷款要满足一定的条件,例如满足一年的缴存时间、具有稳定的收入等。例如广州市,购房者申请住房公积金应满足下述几个条件。

(1) 具备中华人民共和国国籍以及相关的居民身份证。

(2) 申请贷款的过程中,本市户籍职工应缴纳一年的金额,不是本市户籍的之后应按照要求缴纳两年的金额。

(3) 具有房屋所在地房地产登记部门制定的购房合同,同时可以办理担保手续。

(4) 根据规定缴纳购房首付。

(5) 具备健全的民事行为能力,信用分数较高,并且有稳定的工作,具备偿还能力。

(6) 缴纳的住房公积金比偿还个人住房公积金贷款早。

第二节 住房公积金贷款的额度、期限有限制吗?

住房公积金管理中心会指定相应的约束管理申请贷款者的最高贷款额度以及时间,具体情况参照各地区公积金管理中心制定的条例,除此之外,购房者自己的公积金账户余额、月缴存额度以及年龄因素也会对贷款的额度大小产生影响。将广州市作为案例，购房者申请的公积金额度标准如下。

(一) 贷款额度

1. 低于个人住房公积金缴存计算时的贷款额度

计算公式为：账户余额×8+月缴存额×到退休年龄月数。

2. 低于个人住房公积金贷款的最高额度

一个人申请个人住房公积金的贷款，额度最多是60万元。

超过两个人共同申请住房公积金贷款购买一个房子，贷款额度是两个人申请额度相加，最高限制是100万元。

3. 低于参照差别化住房信贷政策制定的贷款制度

(1) 在家庭名下，本市区内没有住房，同时没有相关记录证明其购买过房子，或者是有贷款，那么买普通商品房采用公积金贷款的，房屋的首付应高于30%，贷款利率就是公积金贷款的基准利率。

(2) 在家庭名下，在本市没有住房但是有已经贷款并且全部偿还的记录的，购买普通商品房申请的住房公积金贷款，首付应高于40%，贷款利率就是公积金贷款基准利率。

(3) 家庭在本市中有一套房子，同时还没有货款的，或者是已经将贷款都偿还的，购买普通商品房申请公积金贷款，首付应高于50%，贷款利率是公积金贷款基准利率的1.1倍。

(4) 家庭中存在一笔还没有完全还清的住房贷款记录，想要申请公积金贷款，那么房子的首付就要超过70%，贷款的利率是公积金贷款基准利率的1.1倍。

(5) 如果家庭要买的房子不是普通住房，这种情况下想要申请公积金贷款的，购房的首付要高于70%，如果家庭在本市，没有住房并且也没有贷款记录的，贷款利率和公积金贷款基准利率是相同的，家庭在这个城市中有了一套住房或者是还有一个正在贷款的房子，那贷款利率就是公积金贷款基准利率的1.1倍。

(6) 上述所提到的普通商品房是建筑面积低于144平方米（含）的商品房，不是普通的商品房的是面积多于144平方米的商品房。低密度商品房是没办法得到贷款的。

（7）如果家庭已经有了三套住房，这种家庭不允许使用公积金贷款买房。

（二）贷款期限

住房公积金贷款期限应符合下列要求。

（1）一手楼贷款期限低于 30 年。二手楼贷款期限低于 20 年，贷款期限与楼的年龄和应低于 40 年。

（2）借款人年龄同贷款期限相加低于退休年龄以后的 5 年。退休年龄，男性是 60 岁，女性是 55 岁。

（3）两个人或超过两个人买同一所住房，申请住房公积金贷款的，采用贷款时间最长的进行计算。

第三节 住房公积金的月缴存额和计缴基数是如何确定的？

职工住房公积金的月缴存额的计算方式是计缴基数同职工住房公积金缴存的数额相乘，单位针对职工上缴的住房公积金的存钱额度是指计缴基数同单位住房公积金缴存相乘，最终得出的数值。

住房公积金计缴基数就是职工全年所得工资的平均值。根据国家统计局每年对各个地区的工资总额的数据搜集以及整理得出。计缴基数每年都是不变的，每年都会对信息进行更新，但更新之后的数值，在一年之内不会进行调整，整个年度都不对其进行二次调整。

第四节 住房公积金贷款利率是多少？

住房公积金的贷款利率在我国的各个地方都是相同的，当前实行的公积金贷款利率是在 2015 年 10 月 24 日调整的，超过 5 年的公积金贷款利率是 3.25%，5 年以下的公积金贷款利率是 2.75%。

住房公积金贷款利率是基于国家的有关规定展开，明确提出贷款的时间要在一年以内，采用合同利率与法定利率的方式进行，不分段计息，如果贷款时间多于一年，那么法定的利率就会有变化，那么在第二年的年初实行新的利率。

第五节　住房公积金可以充当首期款来使用吗？

购房者不能将住房公积金作为首付，购房者应具备交纳首付的资金，办理住房贷款的相关手续以后，要将所有的发票、收据等相关资料（资料掌握在银行手中的，就要持有银行盖章的相关复印件），拿到住房公积金的管理中心将自己的手续进行审查和批准。

第十五章

住房商业性贷款

第一节　申请住房商业性贷款需要符合什么条件？

购房者申请住房商业性贷款应达到下述要求：
（1）具有完全民事行为能力的自然人，即年满18周岁的公民。
（2）具备城镇常住户口或相关身份证明。
（3）收入较稳定，信誉优，并且具备偿还贷款的能力。
（4）有购买住房的合同或协议。
（5）高于购买住房全款的规定比例当作首付。
（6）贷款银行制定的其他要求。

第二节　申请一手房银行按揭贷款的流程是怎样的？

购房者购买一手房申请银行贷款的流程如下：
（1）购房者要与房地产开发商共同签订房屋买卖合同，并且还要办理相关的手续。
（2）购房者将提前准备好的首付资金支付，将按揭贷款所需要的文件上交律师手中，律师将其上交贷款公司，办理按揭贷款。
（3）律师要深入调查购买房屋者的身份信息等。
（4）贷款银行要得到律师的相关资料并且将其交到公证处，对信息进行核实，确定核实无误之后，正式审批贷款。

（5）银行与购房者要签订有关贷款的合同，银行也要与房地产公司签订相关的手续，确保合同有效。

（6）一系列合同都签订之后，律师会带领购房者到贷款公司处理相关后续工作。

（7）律师会专门针对购房者办理商品房的保险，其中所有的证明都由银行暂时保管。

（8）贷款银行发放贷款，根据贷款合同上的规定，将资金直接汇到房地产开发企业，或者是将资金汇到贷款人在贷款银行开的账户中。

（9）借款人在贷款银行开设账户，按照约定时间还款，一直到全部偿还完毕。

（10）在房屋抵押的时间内，如果得到了房产证，那么房产证要交到贷款的银行的手里。

（11）如果想要提前将所借的贷款偿还清，那么就要同贷款银行商量，提前偿还。

（12）贷款都偿还以后，借款人还要得到贷款银行发放的"贷款结清证明"，将房产证等资料取回，到原来登记的部门办理涂销手续。

第三节　申请二手房银行按揭贷款的流程是怎样的？

购房者在购买二手房时按照申请银行按揭的步骤如下：

（1）购房者同卖房者共同签订房屋买卖合同。

（2）银行同意委托，根据法律中明确规定并认可的房地产评估机构测验房屋的总体价值，并制定出相关结果。

（3）参考评估结果确定首付。

（4）向银行申请按揭贷款，出具相关资料。

（5）得到银行允许的律师提交相应的资料并进行审查。

第四节　住房抵押贷款合同和借款合同主要包括哪些内容？

申请住房抵押贷款要由借款人和贷款人共同签订抵押合同以及贷款合同。抵押合同的内容如下：

（1）抵押人或者抵押权人的名字以及当前居住的地方。

（2）主债权的类别以及总金额。

（3）抵押房地产的地点、总面积以及占地面积和使用面积。

（4）抵押的房地产的总值。

（5）抵押房地产的主要负责人、占用管理采用什么手段、如果出现意外怎么处理。

（6）抵押的时间范围。

（7）影响抵押权的因素。

（8）违约应承担的义务。

（9）如果出现争议，怎样处理。

（10）什么时间、什么地点签订抵押合同。

（11）双方共同商议的其他事情。

把预售的商品房作为抵押得到贷款，应将已经有效力的房屋预售合同上交，抵押的权利掌握在房地产保险的手中，如果抵押的房地产，想要进行出租、转让等活动，变化房地产的使用形式，那么就要在房地产的合同中将其重点标注。

借款合同中的内容有：贷款金额、利率、支付方式等，在这里不做赘述。

第五节　贷款银行是如何对借款人进行审查的？

贷款银行在办理按揭申请之后，审查以下几个方面：

（1）贷款初审人员针对贷款商业银行认可的律师提交的材料进行

基础性的审查。

（2）得到初审人员的初审同意之后，贷款审核人对于以上材料的准确性和完整性做进一步的审核。

（3）贷款审核人员再次审核之后的信息，采用"风险评估报告"的方式记录。其中内容有申请人偿还能力、偿还意愿的风险审核及对抵押房产的评估情况等。

（4）银行对贷款申请进行最后审批之前，贷款经办人员或者是中介机构办理人员要和借款人当面交谈，掌握借款人的全部情况以及借款的使用方式。

第六节　贷款银行主要是通过哪些方面来判断借款人的偿债能力？

贷款银行会根据下述几个角度掌握借款人的条件：

（1）借款人的年龄、学历、工作时间等信息，了解借款人当前的收入以及偿还的能力，预测出未来的发展。

（2）根据借款人的财务情况、收入，判断还款能力。

（3）根据借款人曾经的贷款记录，了解借款人的信誉。

（4）对借款人所在单位等相关部门了解借款人申请的准确性以及借款人的信誉。

第七节　申请个人住房商业性贷款要避免哪些风险？

（1）提防规模小、操作存在问题的中介公司，随意收手续费。

（2）同房地产企业签订购房协议之前，要先了解自己能否得到按揭贷款的资格。

（3）合同中明确指出，如果按揭贷款并没有得到准许，那么就不能按照合同中的约定进行，按照抵押贷款的合同进行，房地产公司可以扣除相关费用，将剩余的资金还给购买者，也可以将所有的已付资金还给购房者。

（4）房地产没有以书面形式承诺按揭贷款的，一定要以书面的内容写入购房合同，未来出现问题时可以参考。

（5）选择贷款期限及贷款额度时，要根据家庭当前的收入，制定合理的制度。

（6）按照约定的时间偿还本息。

（7）提供准确、真实的文件。

（8）没有得到贷款银行的准许，不能将有抵押性质的房产出售、转让。

（9）不同其余的法人或者组织签订损害贷款银行利益的合同。

第八节 什么是接力贷？

一些刚刚步入工作的年轻人想要贷款买房子，但是手中存款较少，父母手中有存款但是受到年龄因素的影响，不能达到贷款年限的要求，这时可以让年龄小的亲友成为共同借款人贷款。

如果父母的年龄超过 50 岁，孩子的年龄为 20 岁。双方可以共同成为借款人向银行贷款，贷款最长时间以孩子的年龄计算。采用接力贷的方式贷款。年龄超过 40 岁的购房者和刚刚参加工作、收入低、还款压力大的年轻人都可以考虑这种贷款方式。

第九节 什么是转按揭？

转按揭主要是指个人住房转为按揭贷款的形式，就是贷款人在银行办理按揭贷款，在全部偿还之前，向银行要求将用于抵押的房产转移到其他人的手中，由其他人向银行申请购房贷款，将其支付给原购房者，原购房者采用这部分资金按揭还款，第三人是购买房产新贷款的担保人。

第十节　什么是加按揭？

加按揭就是已经办理了按揭贷款的借款人，因为还没有达到最高贷款金额以及最长贷款时间，继续向银行申请贷款金额和时间，或者是达到一定的额度之后，把过去的按揭购买的房产作为抵押，得到新的贷款，并购买新的住房的贷款形式。

第十一节　什么是房屋按揭保险？

采用按揭购买房产的形式，购房者要在签订借款合同之前办理抵押房屋财产保险。当前购买最多的按揭保险的种类有抵押物财产保险、贷款信用保险、购房贷款综合保险等。

抵押物财产保险主要针对购房安全的财产险，如果抵押的房产受到意外或者自然灾害的影响，所有损失由保险公司承担。

贷款信用保险主要是购房者在保险时间内因为疾病或意外事情死亡无法偿还贷款的情况，或者因为失业没有能力偿还，那么保险公司要向贷款银行偿还贷款本息。赔偿额度会根据受伤程度制定。如果购房者死亡，那么保险公司要承担全部的贷款本息，如果是受伤，那么要根据受伤的程度赔偿。

购房贷款综合保险就是抵押物财产保险与贷款信用保险结合的一种保险形式。这个险种既能够保障受到自然灾害，也能保障购房者受到人身意外等的损失后，贷款都可以清偿。这个险种是过去实施险种的完善，并且保险的费用是相同。但有的保险公司会针对投保险种制定规定，例如购房者的年龄等。

第十六章

偿还贷款

第一节 按揭贷款的还款方式有哪些？

一般而言，借贷双方经过协商后，共同确定还款方式，借款合同会标明还款方式。通常情况下，如果贷款期限不超过一年，到期选择一次性还款，支付本金和利息。反之，期限超过一年，可选择按月还贷，实行分期贷款。

借款人基于自身实际，确定最适合的还款方式。需要注意的是，一笔贷款只可确定一种还款方式，在签订的合同中明确提出，后续不能更改。

根据相关政策规定，房贷利率不是一成不变的，应该按照央行利率进行调整，是动态变化的。究其原因，主要在于房贷和常规商贷不同，往往具有较长的贷款期限，如果以签订合同时的利率进行还贷，长此下去，银行的风险就会大大增加。在利率不断调整的过程中，如果在约定期限前还贷，应基于剩余期数、未还贷款等，调整还贷公式，经过计算，得到每期对应的还贷金额。

现阶段，主要存在两种分期还贷方式：一种是等额法，也就是等额本息还贷；另一种是递减法，也就是等额本金还贷。

借款人可采取委托方式代扣还款，每月按时支付贷款本息。借款人、银行需要签订《借款合同》，同时还应签订还款委托书，标明扣款账户基本信息，确保扣款日前存在账户的金额高于还款金额，这样一来，就能实现自动还款。

第二节　什么是等额本息还款法？

这种还款方式指的是每月对贷款本息进行还款。选择这种方式还款时，每月的还款金额不会发生变化（除非利率发生变化）。刚开始还款时，利息在还款金额中所占比例较大。但随着还贷的持续进行，利息所占比例将呈现出明显的下降趋势。本金摊还后，在还款款项中所占比例将呈现明显的增长趋势。

该方式最明显的优势是借款人能够掌握每月还款额，对家庭收支做出明确规划，对收入来源固定的家庭较为适用。

第三节　什么是等额本金还款法？

这种还款方式指的是递减还款，对借款本金每月平均归还，对借款利息逐月还清。这种方式最明显的特征就是在还款周期内均匀分摊，根据本金余额逐日计算利息，每月还款金额呈现下降趋势，而本金还款速度不变。对初期具有较强还款能力，且希望初期加大还款力度来降低利息支出的借款人较为适用。

第四节　什么是双周供？

双周供指的是每两周进行供款。通常情况下，每月供款一次，每年为十二次。但考虑到各月的实际情况，有些并非整四周，有时候会多出几天，若选择双周供款，每年总次数为二十六次，还款次数增加，能够节约五分之一的利息，供款年限也下降。这种方式对周薪、外企员工或国外人士较为适用。

第五节　贷款期内的利息会有变动吗？

按照中国人民银行的相关规定，在整个贷款期间，若国家对利率进行调整，如果贷款期限不超过一年，可按照合同利率执行，无须分段计算。

如果贷款期限超过一年，在法定利率发生变化的情况下，从次年起，应该按照人民银行贷款利率重新计算月供。也就是说，在每年元旦当天，人民银行贷款利率就是还贷利率。

第六节　贷款期限是越长越好吗？

贷款期限既受购房人员投资偏好的影响，也与经济实力存在密切的联系。通常情况下，还款期限长，就意味着还款金额少，负担就小；相反，如果还款期限较短，每月还款金额较多，就加大了负担。还款期限延长的主要作用在于减少每月还款金额，但不得不承认，需要支付更多的利息。

第七节　什么情况不要提前还贷？

部分贷款人员为减少利息支出，会决定提前还贷，使得贷款期限变短。如果出现以下情形，不宜提前还贷：

（1）选择等额本息还款，在还款中期不宜提前还贷。贷款人员选择这种方式，这就意味着在还款过程中，每月按相同金额还款。还款初期，利息在月供中所占比例较大，本金所占比例较小。提前还款指的是通过本金减少进一步降低利息，所以，还款初期可选择提前还款，这样一来，利息支出就会大大减少。若还款中期再选择提前还款，经过计算可知，将偿还更多本金，利息减少的幅度很小。

（2）选择等额本金还款，已达到25%还款期限时不宜提前还贷。

这种还款方式指的是每月归还相同数量的本金,再以剩下的本金为依据对利息进行计算。若已达到25%还款期限,本金在月供中所占比例比利息高。此时,若选择提前还贷,还贷中本金所占比例较大,无法有效减少利息。在还款后期,无须花费大额资金提前还贷。

(3) 在资金运作方面具有较强的实力,有更好的渠道进行理财投资时不宜提前还贷。

运用流动资金提前还贷,能够在一定程度上节省利息,回报率、贷款利率非常接近。若贷款人员将资金存放在银行,而且短时间内不会运用这些资金,所产生的收益就是存款和贷款这两者的差值。此时,选择提前还贷就较为适宜。若贷款人员可以选择更好的渠道进行理财投资,在资金运作方面具有较强的能力,能够得到高额回报,如果资金投资收益比提前还贷节约下来的利息高,可以发挥流动资金的作用,在这样的情况下,贷款人员无须利用这些资金提前还贷。

(4) 缺乏资金和经济能力时,不宜提前还贷。

若动用应急资金或借钱还贷,会导致未来风险急剧增加,可能顾此失彼。

第八节　提前偿还部分贷款后,剩余贷款的还款方式有哪些?

在申请部分提前还款,借款人可以重新选择是以月为单位的还款额还是按原月还款额还款,两者之间最大的差距就是前一种能够减少月还款额,后一种可以减少还贷款的时间。

重新计算出月还款额就是银行把借款人部分提前还款之后剩下的贷款本金、剩下的贷款时间以及原来的贷款利率计算新的月还款额,这时,借款人的贷款到期日没有发生变化,月还款额会缩小。

按原月还款额还款就是借款人申请部分提前还款之后,依旧用原来的还款额度进行偿还,这时,月还款额没有发生变化,贷款到期日就要提前,借款的整个期限也会减少。

第九节　采用银行按揭方式购房后，无能力偿还贷款怎么办？

如果购房人员遇到突发情况，如疾病、收入锐减、失去工作等，不能在规定时间内还贷。

对提供贷款的银行而言，为了维护银行权益，会催促购房人员还贷。如果银行、购房人员同意本息在 15 年内还完，并不意味着期满之后银行才可以履行抵押权。虽然银行在一、二期无法准时还贷的情况下，不会立即履行抵押权，但经过积累后，可能会行使权利。

在这种情况下，购房人员应该基于实际现状对利弊得失进行权衡分析。若所还贷款已占据较大比例，可尝试临时接济，对剩下本息进行归还。若所遇到的困难并非临时，可尝试其他途径进行解决。如与银行进行协商，在取得其同意的情况下，转让房屋所有权，运用转让款项还贷，在得到银行许可的情况下，新的购房人员、银行之间签订抵押合同，还贷义务由新购房人员承担。相较于银行诉讼、拍卖而言，这种方式更加主动，遭受的经济损失更小。

第十节　还清全部贷款后，购房者需要办理哪些手续？

如果购房人员在房地产管理部门完成抵押登记手续，贷款全部还清，也就是说，无论是保险合同还是抵押合同，都已终止，不会再受合同限制。购房人员还清贷款之后，在银行获得相应的证明文件，并将房屋产权证取回。涂销抵押登记，将保险单、结清贷款证明等资料提交给保险公司，完成退保手续。

第十七章

一手房在交付使用时，业主需要注意哪些问题？

第一节 验房前

（一）什么叫入伙？

所谓入伙，实际上指的是业主拿到钥匙、入住的过程，换句话讲，开发商交付房屋给业主。

（二）商品房交付使用的条件有哪些？

交付商品房时，应满足以下条件：

（1）已建设公共配套基础设备，并达到使用条件。

（2）工程竣工，且通过验收，在主管部门完成备案手续。

（3）已落实住宅使用说明书、质量保证书。

（4）在北方修建的住宅已安装热计量装置，满足使用条件。

（5）明确质量承担主体，落实物业前期管理。

（三）在房屋交付时，开发商应当提供哪些文件来向业主证明其房产已具备交付资格？

交付商品房前，开发商应该提供住宅使用说明书、质量保证书，供购房人员查验。

（四）什么是《住宅质量保证书》？

《住宅质量保证书》具有法律效应，指的是开发商承担住宅质量责任，相较于买卖合同而言，可视为补充约定。开发商应该按照保证书相关规定，履行保修义务。

该保证书主要针对住宅性能、标准、结构等给出说明，提醒购房人员在使用过程中的注意事项。主要内容为：

（1）房屋结构；

（2）竣工、验收和交付时间；

（3）开发、设计、施工、监理单位；

（4）消防、燃气、通信等保修责任；

（5）保修期限、责任、项目；

（6）阳台、保温墙等保修责任；

（7）需说明的其他问题。

一般而言，自开发商将竣工、验收通过的房屋交付给购房人员使用之日起开始计算保修期。保修期限应该超过建设部相关规定。开发商可延长保修期。如果国家针对住宅质量保修做出了其他规定，应遵守国家规定。

（五）什么是《住宅使用说明书》？

《住宅使用说明书》主要说明住宅结构、性能、标准等，提醒购房人员在使用过程中有哪些需要注意的问题。若使用过程中发现问题，购房人员与开发商产生纠纷，可以说明书为依据。

《住宅使用说明书》的内容：

（1）开发设计的单位、正式展开施工的单位、对工程进行监督的单位；

（2）整个结构是什么性质的；

（3）在装修过程中需要重点关注的事宜；

（4）上水、下水等相关设施的装配要求；

（5）相关设施以及设施在安装过程中需要重点关注的事情；

（6）门、窗是什么形式的，以及在安装过程中需要注意的内容；

（7）配电负荷；

（8）承重墙、保温墙等一些特殊部位需要关注的事项；

（9）在房屋中的设施、设备等使用的说明；

（10）要重点关注的其余问题。

如果房屋中的相关设备、设施等都有特殊的使用说明书，要将其备注在《住宅使用说明书》中。正常在收房的过程中就能够得到。

（六）新建住宅小区，在达到怎样的要求时可以交付？

（1）电通。用电列入城市供电网络，用电必须规范，不能使用临时电。

（2）排水通。排放的污水应列入城市排放系统，由于受到客观条件的影响，短时间内不能列入，应该制定相应的方案，并获得主管部门的认可，在环保部批准的情况下，可在特定时间内通过临时设施排污。

（3）给水通。通过城市自来水管供应生活用水，如果使用地下水，必须得到公用事业管理部的批准。

（4）道路平整。住宅区域的道路应平整、清洁，施工工地的设施不能对用户进出产生影响，必须保持场地整洁。

（5）道路通。外界干道、道路这两者间应该连接着直达道路。

（6）根据规划要求，小区及周边配备公共设施，如社区服务、教育、公交站等。

（7）对高层住宅而言，无论是生活、消防供水系统，还是电梯等设施，都应该通过卫生防疫部、消防部等相关部门的检验。

（8）通信、燃气通等。

第二节　验房时的相关问题

（一）如何检验小区环境是否合格？

如果开发商能在规定时间交房，购房人员应该对小区内外环境和配套设施进行查验，是否与合同一致。一般而言，交付期房时存在两种情形：其一，同期交房、建设，无论是物业、车库，还是绿化等，都完全可见，购房人员需查验开发商销售时做出的承诺事项；其二，对绝大部分大规模项目而言，往往会选择分期交房，此时，一些配套设施，如停车位、绿地等，极有可能出现纠纷，所以，购房人员应该查看合同是否存在相关约定。

如果购房人员分期入住，应该注意入住区域的道路是否完成建设，是否与在建部分之间设置隔离措施，为入住人员提供安静、安全的环境。同时，还要查验入住部分的路灯、停车位等是否到位。

除此之外，购房人员还应该查验公共设施的装修与开发商的承诺是否一致。主要涵盖以下部分：

（1）是否配备邮箱；

（2）楼道、墙体装修；

（3）是否开通电、气等；

（4）电梯能否达到承诺条件；

（5）是否按照承诺要求配备监控、巡更系统。

（二）如何检验户内情况是否合格？

在商品房的验收环节，购房人员应该针对房屋位置、结构、面积、布局等进行检查。

为了有效预防购房人员订购住房和合同约定的朝向、户型等存在差异，或开发商向购房人员交付住房所处位置与合同约定不符，购房人员在买卖合同签订的过程中，应当要求开发商提供房屋位置图，将朝向、布局、位置等详细信息标注清楚，作为合同附件。重点检查以下内容：（1）地面；（2）结构；（3）屋面；（4）墙体；（5）设施。

（三）商品住宅的面积有哪些？

商品房的面积大小既对商品房的产权和房价产生影响，同时也会直接影响业主的经济利益。但购房者并不了解商品房销售面积的计算步骤，还存在一些购房者仅仅关注商品房的结构、装修质量等，不重视房屋面积的计算的现象。所以，核算购买商品房整体面积是验收工作的重要内容，业主应加强关注。如果实际的面积同购房合同中的面积存在的误差超过标准，业主可以申请解除购房合同。

由于面积是验收环节的关键因素，下面针对商品住宅中较为普遍的房屋面积专业术语进行介绍。

1. 建筑面积

是指建筑物外墙脚之上的每一层的外围水平投影面积，其中包含阳台、走廊等，结构十分稳固，层高超过2.20m以上（含2.20m）的永久性建筑。

计算一个楼的房屋建筑面积，可以采用房屋的建筑面积＝居住面积＋辅助面积＋结构面积，也可以采用房屋的建筑面积＝使用面积＋结构面积。房屋的公共面积中，包含了房屋建筑面积，其中是包括辅助面积以及部分结构面积。

2. 居住面积

是住宅中卧室、起居室等面积相加之和。

3. 辅助面积

是住宅建筑每一层中，间接为住户提供帮助的净面积，包含楼梯过道、厨房等。

4. 使用面积

是每一层平面上为居住者直接提供生产生活使用的面积的总和。

5. 套内建筑面积

就是房屋采用单元的形式计算出的建筑面积，单元内建筑面积包含单元内的使用面积以及套内墙体面积和阳台的总建筑面积，将其相加得出的总面积。

套内的建筑面积也叫作使用面积，是业主独自占有的面积。同套内使用面积相比较，套内建筑面积更能够将业主私有的产权体现出来，所以，当前房地产买卖合同都是参照套内建筑面积计算的。

6. 套内使用面积

在房屋内可以使用的面积，排除墙体、柱子等结构面积。

套内使用面积就是套内房屋使用空间的总面积，采用水平投影面积进行计算，也叫作地砖面积。

7. 共有建筑面积

整栋楼的产权人共同拥有的公用部分的建筑面积。

8. 分摊的共有建筑面积，简称公摊面积

是每套单元房都要共同分摊的共有建筑面积。

9. 套型建筑面积

实际就是指商品房的整体的建筑面积，也可以将其称作分户建筑面积。这个面积是将套内建筑面积和分摊建筑面积相加得出的，利用公式表示就是：套型建筑面积＝套内使用面积＋套内墙体面积＋阳台建筑面积＋公摊面积。

10. 商品房的销售面积

商品房以"套"或"单元"的形式向外出售，商品房的销售面积＝套内建筑面积＋公摊面积。目前商品房买卖合同是将套内建筑面积当作计价面积的，取代套型建筑面积的计价方式。

11. 使用率

是套内建筑面积同套型建筑面积的比值，一般高层塔楼在70%—72%，板楼在78%—80%。

（四）如何测量商品住宅的面积？

1. 套内面积的计算

（1）在计算室内面积时，应该以墙体内表面尺寸为依据，如果墙体存在隔热或者保温层，应该以复合层尺寸为依据。

（2）在结构面积之外的管道、通风道等，都应该计入。

（3）如果楼梯是非公用的，在套内面积的计算过程中，应计入自然层对应的面积。

（4）对住宅房而言，使用面积除了卧室、餐厅和厨房之外，还应计入贮藏室、卫生间等。

2. 阳台面积的计算

（1）如果阳台呈封闭式，应该按照外围水平对应的投影面积进行计算。

（2）挑阳台按照底板水平投影面积的二分之一进行计算。

（3）凹阳台按照净面积的二分之一进行计算。

（4）对半挑半凹阳台而言，挑出部分按照底板水平投影面积的二分之一进行计算，凹进部分按照净面积的二分之一进行计算。

3. 成套建面的测算

在测算成套房屋时，套内建面包括三个部分，除了套内使用面积和阳台面积之外，还包括套内墙体面积。

在计算套内房屋的面积时，应该计算使用空间面积，水平投影面积的规定如下。

（1）套内面积指的是卧室、卫生间、起居室等面积之和。

（2）对于套内楼梯，按照自然层对应的面积进行计算。

（3）在计算过程中，未涵盖在结构面积的管道、通风道等都应该列入。

（4）考虑内墙面装饰厚度。

套内墙体面积指的是套内空间的围护、承重墙或支撑体的面积，对于套与套或公共建筑之间的分隔墙，或者共有墙，应按照水平投影面积的二分之一进行计算。套内自有墙体按照水平投影面积进行计算。

套内阳台减免指的是阳台外围、外墙的水平投影面积。需要注意的是，对封闭型阳台而言，应将所有水平投影面积计算在内；对非封闭型阳台而言，应按水平投影面积的二分之一进行计算。

4. 共有共用面积的分摊

（1）共有共用面积由两部分组成，一部分是共有房屋建面，另一部分是共用房屋面积。

（2）对于共有共用面积，应该按照以下原则进行处理。

第一，如果不同产权房关于权属分割已达成协议或形成正式文件，可执行相关约定。

第二，如果没有形成协议、文件，应该按照房屋建面对应的比例来分摊。

（3）在分摊共有共用面积时，应该按照下面的规定进行计算。

分摊系数指的是共用面积在套内建面总面积中所占的比例。

共用分摊面积指的是分摊系数和套内建面这两者的乘积。

对高层楼房而言，建筑、使用面积这两者的差值就是公摊面积。

5. 共有建筑面积的分摊

（1）在计算共有建筑面积时，主要包括如下几点。

①垃圾道、公共门厅、地下室、楼梯间等。

②整栋楼的管理、公共用房的建面，按照水平投影进行计算。

③和公共建筑间修建的分隔墙、外墙等，按照水平投影面积的二分之一进行计算。

④如果车库、地下室和车棚等是独立使用的，不应算作共有建面。

⑤对于多栋楼使用的管理房、警卫室等，均不能算作共有建面。

（2）需进行分摊处理的共有建面除了楼梯、公共门厅、电梯和内外廊之外，还包括空调机房、设备房、配电房和值班室等，值得一提的是，水箱、电梯机房、凸出屋面等楼梯间都应列入其中。对于套、共有建筑这两者间修建的分隔墙及其外墙应该按照水平投影面积的二分之一进行计算。

（3）对于以下情形，不能对共有面积进行分摊处理：①在底层架空层中，用途为公共使用的通道、开放空间、车库等对应的建筑面积；②对多栋建筑而言，无论是警卫房和配电房，还是管理房，都不能分摊；③用途为独立使用的地下室；④用于人防工程的地下室；⑤车库、车棚。

（4）共有建面的计算。对整栋建筑而言，建面指的是除套内建面外的总面积，需要注意的是，应该将用途为独立使用的车库、车棚和地下室等排除在外，与此同时，为多栋楼提供服务的警卫室、人防工程地下室、管理房等也不应计算在内。按照这样的方式进行计算，就能得到共有建面的面积。

（5）住宅楼共有建面的分摊。对住宅楼而言，最常见的单元是栋，应该按共有共用面积进行公摊。经过计算得到房屋套内建面后，按照公式进行计算，可以得到每套房屋所对应的共有分摊建面。

（6）商住楼共有建面的分摊。由于住宅楼、商住楼的具体使用功能存在差异，面对共有建面的分摊这一问题，应该首先将共有建面分为两部分，一部分是住宅公摊，另一部分是商业公摊。也就是说，对住宅楼而言，计算各栋分摊的共有建面；对商业楼而言，计算整栋分摊的共有建面。在此基础上，根据住宅楼、商业楼分别对应的分摊面积再次进行分摊计算。

商业部分：经过计算之后，可以得到整栋对应的共有分摊建面，再与自身共有建面相加，根据不同楼层房屋的套内建面按照比例进行分摊，这部分分摊面积就构成了各层共有建面的组成部分，经过计算，就能得到每层对应的总共有建面。在此基础上，按照房屋套内建面对应的比例进行分摊，经过计算之后，可以得到不同房屋所对应的共有分摊建面。

住宅部分：计算各栋对应的共有分摊建面，与住宅部分自身的共有建面相加，就能得到总共有建面。在此基础上，根据共有共用的分摊方式进行处理，按照房屋建面比例进行分摊，可以得到各套所分摊的面积。

（7）多功能综合楼共有建面的分摊。在计算此类共有建面分摊问题时，应该基于各自对应的实用功能，参考商住楼进行分摊处理。

（8）按照以下方式计算共有建面。对整栋楼而言，在总建面的基础上，除去不同房屋套内建面之和后，再减去具备独立使用性能的人防工程、仓库、车库等空间面积，就能达到共有建面。

（9）按照以下方式分摊共有建面：将套内建面、共有建面分摊系数这两者相乘，就能够得到共有分摊建面。

（10）按照以下方式计算共有建面的分摊系数：对整栋楼而言，总共有建面除以不同房屋套内建面之和，所得到的就是共有建面分摊系数。

第三节 验房后的相关问题

（一）交付时，与样板房不一致应当如何处理？

开发商在商品房的销售过程中，往往会提前布置好样板间，便于购房人员参观。购房人员在购房时应明确商品房交付时的质量、装修等是否与样板间保持一致。

如果没有特别说明，就表明商品房交付时和样板间是一样的。若出现不一样的情况，应根据合同约定按照违约进行处理。

（二）在房屋交付使用后，在质量保修方面有哪些规定？

商品房的质量、保修等由开发商负责。购房人员在签订合同前，应该在合同中针对保险责任、期限和范围等做出明确规定。

住宅型商品房保修期限应超过承包商提供给建设单位的保修书中的保修存续期；如果存续期比住宅说明书规定的最低保险期限短，在这样的情况下，保修期应超过规定约定的保修期下限。

对非住宅商品房而言，保修期应该超过承包商提供给建设单位的保修书中的保修存续期。

如果商品房在保修期间出现的质量问题没有超出保修范围，开发商应该按照约定进行保修处理，若出现损失，赔偿责任应由开发商承担。由于各种不可抗力或在不正当操作的情况下引起的损坏，开发商无须承担赔偿责任。

（三）交付使用后，如对房屋质量存有疑问时，该如何处理？

交付商品房后，如果购房人员觉得主体结构达不到质量标准，可选择工程质量机构进行核验。如果核验结果表明质量不合格，购房人员有权要求开发商退房；如果房屋出现的质量问题让购房人员遭受损失，相应的赔偿责任由开发商承担。

（四）商品房延期交付的，开发商应当承担什么责任？

如果开发商自身的原因导致房屋无法在规定时间内交付，根据购房时签订的合同的相关约定，开发商应支付违约金。

如果签订的购房合同对违约金数量给出了明确的规定，就按照合同约定执行；如果没有明确的约定，在商品房延期交付的情况下，应支付指导租金。

如果延期交付导致购房人员遭受损失，开发商既要按规定支付违约金，还应承担赔偿责任。

如果超出合同规定时间3个月仍无法交付房屋，购房人员可解除合同，不适用于购房人员、开发商之间另有其他约定的情形。

（五）购买预售商品房后，开发商是否可以变更项目设计？

在商品房的建设过程中，开发商应该执行审批通过的建设规划。在完成房屋销售后，开发商不能擅自对建设规划进行调整。

《商品房销售管理办法》明确指出，规划部审核通过的规划变更，极有可能引起商品房结构、朝向和户型、尺寸等发生变化，或者发生合同约定的对商品房质量产生影响的其他情况，所以，如果开发商要进行变更，应在十天的时间内，采取书面的形式通知到每位购房人。

在收到变更通知后，购房人员应该十五天内以书面的方式回答是否退房。在收到通知后，如果购房人员没有在十五天的时间内给出书面回复，就意味着同意接受变更，并对变更导致的购房费用变更表示认同。如果开发商没有在规定时间内告知购房人员，那么，购房人员就享有退房的权利；若购房人员退房，相应的违约责任就由开发商承担。

第四节　收房流程

一般而言，购房人员在收房时，应该按照下面的流程执行。

（一）收到入住通知书

购房人员获得入住通知书后，按照合同约定的条件，到现场进行勘察。若开发商在未获得交楼所需证件的条件下，将入住通知书发给购房人员，就构成了非法交房。在这样的情况下，购房人员未提出异议，就意味着接受此违规行为。如果房屋未获得交付许可证，配套与合同约定不一致，极有可能对购房人员的居住产生很多不良影响。

（二）签订物业交付核验单

经过实地勘察后，发现与合同约定没有明显区别，此时，购房人员、开发商共同签订核验单，如果不能确定核验单的部分事项，可根据实际情况填写无法确定、暂不确定等。一旦发现问题，需及时记录实际情况，向开发商提出要求，必须在规定时间内处理完，在沟通好这些事项之后，双方签字盖章。

（三）接收钥匙

核验单签署后，如果对房屋现状、修复情况没有意见，可以接收钥匙。在物业交付结束后，房屋风险由购房人员承担，房屋收益由购房人员享有。物业交付后，如果遇到一些常见的质量问题，按政府规定来讲，保修由开发商负责。需要注意的是，开发商不承担违约责任。所以，购房人员在物业接收方面，必须特别小心谨慎，不要轻易在核验单上签字，避免在入住后发生纠纷问题时，不能保障自身权益。

（四）委托物业管理

在拿到钥匙后的几天，应该到物业沟通物业委托管理相关事项。由于物业是不可分割的，而且具有共同管理性的特征，所以，必须委托物业管理。下面介绍相关手续。

第一，签订管理公约。开发商按照国家相关法律规定，结合开发项目的实际情况，制定管理公约，报市房屋土地管理部门进行审核。通常情况下，购房人员应该接受公约内容，若发现部分条款缺乏公平性，可保留个人意见。考虑到公约具有临时性，在后续召开业主大会时，可根据实际情况进行调整。

第二，缴纳物管费。

第三，签订管理守则。

第五节　退房

（一）什么情况可以要求退房？

购房者购买房屋之后，如果出现房地产开发商没有在约定的时间内交房、房屋的质量没有达到约定的标准、缺少产权证、套内面积低于约定面积等情况，购房者可以申请退房。

1. 逾期交房

房地产开发企业没有按照约定的时间交房，超过约定的时间，购房者可以申请退房，解除合约，同时房地产开发企业要将定金和利息全部返还，定金返还两倍，对购房者造成的损失也要赔付。购房者也可以不解除合约，仅追究开发企业的责任，购房者可以根据自己的需要选择。如果房地产开发商逾期交房没有超过合同规定的期限，那购房者不可以退房，可以追究房地产开发商的责任。

2. 房屋质量不符合合同约定标准

房屋质量与约定的标准差距较大，体现在室内装修材质、布局、构架等，如果修复之后可以达到约定的要求，那么购房者不能退房；如果经过修复之后依旧没有达到约定的要求，那么购房者可以解除合同，要求退房，同时要返还相应的利息，将定金双倍返还，同时房地产开发商还要赔偿损失。

在部分的合同中都没有严格要求房屋的质量，同时也没有能够参照的准则，也没有符合居住条件。如果这个房屋不符合约定的条件，那么房地产开发企业的行为是违反约定的，这时购房者可以申请退房，同时追究相关责任。

3. 没有产权证

房地产开发企业的原因导致购房者不能按照约定得到产权证书，这时购房者可以退房。

4. 购房合同无效

基于《合同法》中的相关要求，合同无效导致的结果就是因合同取得的财产全部返还，具体到购房合同上就是购房者退回房型，房地产企业将房款退回。导致购房合同无效的因素有如下两种。

（1）房地产开发企业不可以私自将房屋处分。房地产开发商在没有获得预售许可证时，房屋是共有财产，没有得到其他人的书面同意，房屋权存在争议受到相关部门的监管，限制房屋出售等。

（2）房地产开发企业有欺骗行为的。尽管有的购房者采用这项理由作为退房请求，但是在法院上得到支持的状况很少，主要是购房者针对房地产开发商有诈骗的行为。为了阻止这种问题出现，购房者要确保房地产开发企业的承诺都以纸质版的形式记录。

5. 套型或面积误差超过一定比例

基于《商品房销售管理办法》第十九条的规定，以套的形式计算预售房屋，套型同设计图纸出现偏差的情况下，合同中对于这种失误没有明确处理方式的，购房者可以申请退房。合同约定面积同产权登记面积偏差较大的，没有按照合同中约定的比例，根据相关约定，误差比绝对值超出3%—5%时，购房者有权退房。

6. 变更规划、设计

已经预售的商品房，房地产开发企业要在变更规划、设计中将商品房的房屋构造、户型等都进行改变，同时在合同约定的时间之内以及其他商品房的质量使用的时间范围之内，采用书面的形式告知购房者，购房者在收到通知之后的十五天以内决定房子是否退回。如果房地产开发企业没有在约定的时间之内通知，购房者有权利将房屋退还。

7. 在建工程转让

房屋在提前销售了以后，房地产的开发企业如果想将目前装修的房屋建设工程转移，就要让购房者清楚转让工程当前的状况信息。购房者在获得这个信息以后的一个月之内做决定，到底要不要解除合同。购房者如果没有根据约定将商品房的预算合同进行解约的，那么房屋建设工程就应根据过去制定的商品房预售合同执行。

（二）按照什么流程退房可以避免风险？

若房地产开发商能够认可购房人员的退房要求，在这样的情况下，购房人员应该解除和开发商签订的交易合同，同时还要与银行解除签订的借款合同。如果购房人员已在所购买房屋居住，应该将住宅交还开发商；如果购房人员尚未在已购房屋中居住，应该放弃对该住宅的占有权。开发商不应按照合同规定催促购房人员缴纳购房费用，而且需要退还购房人员已缴纳的费用。

一旦解除借款合同，就意味着购房人员在银行贷的款会一次性偿还，之后就不需要再付相关费用，而且也没有还款义务。买卖、借款这两种合同的解除具有一定的差异，后者必须在开发商的帮助下实现。究其原因，主要在于购房人员从银行申请贷款，但没有直接占有贷款，银行采取转账的方式下发贷款，接收方是开发商。若购房人员需要还贷，那么就需通过开发商向银行归还。在银行收到开发商支付的借款后，才认可购房人员完成还贷任务，此时才会解除借款合同。

通常情况下，为防止退房时发生风险问题，购房人员在退房时可参照下述流程。

第一，购房人员和开发商经协商，达成一致后，签订买卖合同解除的补充协议。

第二，购房人员和银行经协商，达成一致后，签订借款合同解除的补充协议。

第三，开发商对银行提供的贷款进行偿还，购房人员解除借款合同。

第四，开发商对购房人员支付的首付进行归还，帮助购房人员完成与退房相关的各项手续。

参考文献

1. 涂伟龙：《海南"候鸟式"旅游养老地产的开发研究》，中国社会科学院研究生院 2020 年版。
2. 孙晓月：《保险公司养老社区发展建议》，中国社会科学院研究生院 2020 年版。
3. 卢亮：《房地产市场政策调控的法学批判》，博士学位论文，吉林大学，2018 年。
4. 李艳：《列斐伏尔都市社会理论研究》，硕士学位论文，西南大学，2020 年。
5. 秦朕：《美国农地价格影响因素及其合理性分析的研究》，硕士学位论文，浙江大学，2020 年。
6. 王广中：《社会学视域下中国房地产市场治理研究》，博士学位论文，武汉大学，2013 年。
7. 姜建：《我国房地产市场调控政策研究》，博士学位论文，华中科技大学，2012 年。
8. 邬文康：《我国区域房地产业发展规律研究》，博士学位论文，吉林大学，2005 年。
9. 王可：《中国房地产价格波动的债务效应与应对政策研究》，博士学位论文，对外经济贸易大学，2019 年。
10. 杨清泉：《战时重庆房荒背景下的住宅建设研究（1937—1945）》，硕士学位论文，西南大学，2020 年。

11. 姚允涛：《韩国传贳租房制度研究》，硕士学位论文，上海外国语大学，2020年。
12. 吕春：《古代的房地产制度考究》，《上海房地》2010年第11期，第26—27页。
13. 戎丹妍：《古代房地产"开发商"也疯狂 白居易苏东坡如何买房》，《乡镇论坛》2010年第12期，第44—45页。
14. 林长华：《古代房地产中的"谜"》，《中国房地产》1994年第3期，第79页。
15. 蔡丽拉：《论中国古代以及外国建筑标准化对房地产建筑标准化的启示》，《建材与装饰》2018年第21期，第127—128页。
16. 《土木钩沉·与房地产有关的九大古代女性》，《安家》2005年第4期，第117—119页。
17. 杭东：《我国古代如何对房地产进行监管》，《金融经济》2012年第15期，第48—49页。
18. 李春圆：《元代土地价格研究》，《中国经济史研究》2019年第4期，第26—44页。
19. 赵炜：《中国古代"房地产经纪人"的历史演变》，《中国房地产》2020年第25期，第74—76页。
20. 陈忠海：《中国古代的房地产税》，《中国发展观察》2019年第7期，第63—64页。
21. 《追溯古代"房地产买卖"》，《国土资源》2010年第2期，第62页。
22. 吴大川、徐立国：《中国古代建筑思想对西安房地产开发的启示》，《西安欧亚学院学报》2006年第4期，第80—82页。
23. 金浩然、谢海生：《从国际经验看我国房地产税》，《中国房地产》2019年第13期，第13—16页。
24. 张智捷：《从国外经验看房地产税》，《全国流通经济》2020年第4期，第132—134页。
25. 张琪、陈铭新：《房地产调控的国际比较与启示》，《发展研究》

2012年第9期，第14—16页。

26. 席江浩：《房地产市场可持续稳定发展的政策研究——基于国外房地产市场的政策经验》，《当代经济》2017年第23期，第10—11页。

27. 何展鸿：《房地产价格波动：国外研究综述》，《中国经贸导刊》2013年第29期，第58—61页。

28. 鲍洋：《房地产税核心要素的国际比较研究》，《建筑经济》2015年第11期，第86—89页。

29. 张自悦：《房地产税立法中的税基与税率选择研究》，《北方经贸》2020年第1期，第97—99页。

30. 杭东：《各具特色的国外房地产调控经验分析》，《中国房地产金融》2013年第3期，第47—48页。

31. 彭晓莲：《国内外房地产经济周期研究综述》，《当代经济》2009年第9期，第148—149页。

32. 朱文蔚：《国外对房地产市场的调控措施及其对中国的启示》，《创新》2014年第2期，第42—46页。

33. 黄震锴：《国外房产税实践对我国的启示》，《湖南税务高等专科学校学报》2014年第5期，第11—13页。

34. 武小艺：《国外房地产"去库存"之鉴》，《中国房地产》2019年第30期，第76—79页。

35. 张琪、陈铭新：《国外房地产调控的经验与启示研究》，《环渤海经济瞭望》2012年第11期，第51—53页。

36. 张耀珊、曲连宇、吴鑫旖：《国外房地产宏观调控政策及对我国的启示》，《住宅与房地产》2016年第12期，第2页。

37. 王磊、李兆斌：《国外房地产市场税收调控的启示》，《纳税》2018年第29期，第3—4页。

38. 王婷婷：《国外房地产市场税收调控对我国的启示分析》，《中国市场》2020年第4期，第160—161页。

39. 唐明、李欢：《国外房地产税立法的典型实践及对我国的启示》，

《湖北经济学院学报》2015 年第 2 期，第 50—56 页。

40. 祝力、曾秋霞：《国外房地产税立法经验及对我国的启示》，《武汉金融》2018 年第 12 期，第 75—76 + 46 页。

41. 林宙：《国外房地产信托投资基金发展及我国运作模式探讨》，《当代经济》2009 年第 22 期，第 154—155 页。

42. 刘宇亭：《国外房地产业健康发展经验研究》，《住宅与房地产》2019 年第 24 期，第 3 页。

43. 傅晓艳：《国外房地产政策与制度建设的经验借鉴》，《市场周刊（理论研究）》2009 年第 5 期，第 47—48 + 71 页。

44. 李苑青：《国外房地产制度的借鉴及对我国的启示》，《湖北函授大学学报》2015 年第 24 期，第 62—63 页。

45. 本刊综合：《国外四大房地产金融模式概览》，《城市开发》2018 年第 20 期，第 83—85 页。

46. 刘会洪：《国外物业税对房地产价格及泡沫的影响与借鉴》，《现代经济探讨》2011 年第 10 期，第 84—87 页。

47. 李明海：《国外协调房地产二级市场利益关系的启示与借鉴》，《世界经济情况》2007 年第 12 期，第 70—73 页。

48. 蓝婷婷：《平安法制建设下如何完善房地产领域立法——以借鉴国外及香港经验为视角》，《法制与社会》2013 年第 21 期，第 62—63 页。

49. 钟海英：《试论国外房地产税制的借鉴和启示》，《中国集体经济》2018 年第 20 期，第 167—168 页。

50. 马成龙：《新加坡与邯郸的房地产市场对比研究》，《现代经济信息》2014 年第 20 期，第 407—409 页。